3대가
잘먹고 잘사는
부자경매

평범한 그들은 어떻게 부동산 부자가 되었나?

3대가 잘먹고 잘사는 부자경매

| 홍창현 지음 |

라온북

프롤로그

"나는 오늘도 3대가 잘사는
경매 부자를 꿈꾼다!"

❛ 무더운 여름날 장맛비가 무섭게 내리던 날 밤. 작은 한옥 집 월세방에서는 부모님과 할머니 그리고 나와 여동생이 잠을 자고 있었다. 새벽녘 여름 장맛비를 견디지 못한 우리집 천정은 쏟아지는 폭우에 의해 결국 무너지고 말았다. 그것도 아버지가 주무시는 아랫목 천정이 무너져 내려 아버지 얼굴에 한옥의 흙과 잔재들이 쏟아졌고 그 위로 세찬 비가 퍼부어져 내렸다. 아버지 얼굴은 온통 흙으로 뒤범벅이 되어 파묻혀 버렸다. 무너져 내린 천정 사이로 뻥 뚫린 하늘이 보였다. 초등학생이던 나와 여동생은 두려움에 떨고 있었다. ❜

유년 시절의 '가난이라는 아픈 추억'은 필자에게 부자에 대한 꿈을 갖게 했다. 하지만 중고등학교 시절과 대학교 때까지 아르바이트를 하며 돈을 모으고 또 모았지만 부자는 커녕 단돈 10만 원도 마음 편히 쓸 수 있는 처지가 못 되었다. 도무지 가난이라는 굴레를 벗어날 방법이 없었다.

그때에 경매를 알게 되었다. SK법제팀 근무시절인 1997년, 지인의 소개로 우연히 정릉의 18평 빌라를 낙찰받았다. 그런데 이 집으로 1년 만에 2천 5백만 원을 벌었다. 당시 연봉의 70%나 되는 큰 금액이었다. 이때부터 나는 본격적으로 경매를 배우기 시작했다. 몸으로 부딪치고 밤새 고민하며, 주말을 경매 물건 현장을 조사하며 보냈다. 힘든 줄을 몰랐고 큰 돈은 아니었지만 작은 물건들로 꾸준히 수익을 쌓아갔다.

그리고 3년 후 본격적으로 부자의 꿈을 현실화시키기 위해 과감히 SK에 사표를 던지고 변호사 사무실의 경매담당 사무장으로 변신했다.

십수 년이 지난 지금, 1,000여건의 경매경험과 600건의 낙찰이란 성과를 얻어냈다. 드디어 나도 작은 부자의 대열에 합류한 것이다. 지난 십수 년간 얻은 수확은 이뿐만이 아니다. 우리나라의 진짜부자들을 만나고 알게 되면서 그들의 공통점을 발견하게 되었다. 공통점 중 하나는 그들의 부는 할아버지때부터 이어받았다는 것이고 또 하나는 부동산 부자들이라는 점이다.

올 여름도 비가 많이 왔다. 이제는 비가 많이 온다고 지붕이 무너질까 고민하며 잠을 자진 않는다. 하지만 지금 내가 일구어낸 이 작은 부를 내 아이들과 손자들에게까지 남겨주고 싶은 마음으로 꿈의 크기가 커졌다.

2008년 경제 위기 이후 부동산 경기가 살아날 줄을 모른다. 모두들 위기라며 아우성들이다. 하지만 지난 세월이 말해준다. 위기는 누군가에겐 새로운 기회라고 무리해서 부동산에 투자하면 안된다. 하지만 몸으로 부딪히고 잘 준비해서 투자를 하면 리스크를 많이 줄여서 좋은 수익을 낼 수 있다.

이 책을 읽는 당신의 경제적인 꿈의 목표는 얼마나 되는가?
당신의 손자에게까지 물려줄 수 있는 경제적인 부와 경매노하우를 이 책에 소개해 놨다.
1,000여건의 경매 경험을 통해 빅 리스크, 빅 마진의 원리를 깨달았으며 경매 초보와 경매 고수들의 차이점이 단순히 경험차이가 아니라 도전의 차이임을 알고 그 차이도 자세히 설명해놓았다. 고수들이 유치권 있는 물건들을 다룬 사례도 소개하고 있으며 구체적인 대출활용과 자금계획도 어떻게 세워야 하는지도 알려주고 있다.

나는 이 책이 경매초보 독자들의 경매고수 길잡이 역할을 하길 소망한다. 그리고 당대의 부자에 만족하지 않고 좀 더 배우고 도전하여 손자대까지 부가 이어가는 3대가 잘사는 부자의 기틀이 마련되길 기원한다.

2013년 9월

홍창현

차례

프롤로그 — 나는 오늘도 3대가 잘사는 경매 부자를 꿈꾼다! · 4

1장
3대가 잘사는 부자경매 고수들의 경매비법

1. 절대로 과도한 욕심은 부리지 마라 · 15
2. 강남 3구 인근 지역에 낙찰을 받아라 · 21
3. 소문에 사고 소문에 팔아라 · 28
4. 명도는 최대한 빨리 하라 · 35
   3대가 잘사는 Secret 1 - 점유자는 과연 언제 만나는 것이 가장 좋은가?
5. 경매 아닌 경매취하로 부동산을 사라 · 46
   3대가 잘사는 Secret 2 - 대법원 법원경매정보 이용은 어떻게?
6. 공동투자를 통해 억대연봉에 도전하라 · 58
7. 어렵다 생각하는 물건이 큰돈 된다 · 66
   3대가 잘사는 Secret 3 - 관련 홈페이지와 친해지자!
8. 3대가 잘살려면 부부가 함께 고민하라 · 76

2장
경매 초보와 부자경매 고수의 차이점 8가지

1. 인도명령과 점유이전 가처분은 필수 ·83
2. 물건 선정은 최대한 많이 하라 ·91
   3대가 잘사는 Secret 4 - 입찰표 작성은 이렇게!
3. 일단은 부딪쳐 보아라 ·103
4. 현장조사가 시작이고 끝이다 ·112
5. 자금계획과 금융기관의 대출을 활용하자 ·119
6. 유치권 있는 물건에 투자한다 ·129
   3대가 잘사는 Secret 5 - 유치권을 격파하자!
7. 소유자 점유와 임차인 점유 물건의 차이점은 알고 가자 ·141
8. 실무와 실전경험에 귀를 기울여라 ·147

3장
부자경매 고수의 100% 성공하는 권리분석

1. 등기부등본에 해답이 있다 · 155

    3대가 잘사는 Secret 6 - 등기부등본 상의 말소기준권리를 찾아라!

2. 임차인 권리관계 파악 · 161

3. 매각불허가 신청 방법 · 167

4. 가등기, 예고등기 활용법 · 173

5. 대지권 미등기는 두려워 말자 · 180

6. 다가구주택, 근린주택 권리분석 · 185

    3대가 잘사는 Secret 7 - 임차인의 대항력을 분석하자

7. 관리비 및 체납된 공과금 처리방법 · 197

4장
부자경매 고수들만 아는 '경매 대출' 활용법

1. 대출을 최대한 활용해라 · 205

2. 나만의 대출 활용법 · 210

    3대가 잘사는 Secret 8 - 임차보증금 한도 보상액은 얼마인가?

3. 대출을 승계하게 하라 · 219

4. 유치권 있는 물건들도 대출이 가능하다 · 221

5. 금융기관 담당자들이 반드시 알아야 할 기본 정보 · 226

    3대가 잘사는 Secret 9 - 금융기관 담당자가 매매잔금 대출실행 시 조심해야 할 사항

5장
초보는 가라!
부자경매 고수들의 경매 실전 이야기

1. 오피스텔 투자는 신중에 신중을 기하라 · 241
2. 남들이 기피하는 지하층이 돈이 된다 · 245
3. 빅 리스크 빅 마진을 명심하라 · 250
4. 한 많은 미아리고개 다가구 주택 · 255
5. 현대자동차 세일즈맨의 성공적인 투잡 · 261
6. 대형물건은 묶어서 사고 리모델링하라 · 265
7. 유산 상속이 얽히고 설킨 동선동 여관과 근린주택 · 270
8. 연로한 할아버지와 손녀뿐인 정릉 산장 아파트 · 277
9. 야반도주한 화곡동 꼭대기 층 신축빌라 · 281
10. 문 열고 보니 천정에서 물이 새는 방학동 다세대 주택 · 286

부록

1. 한눈에 보는 경매과정
2. 현장조사 보고서

· 지지옥션 7일 무료이용권 별첨

1장

3대가 잘사는 부자경매 고수들의 경매비법

3대 부자의 첫걸음,
경매!

절대로 과도한 욕심은 부리지 마라

필자는 지난 십수 년간 부동산 경매를 600여 차례 이상 진행하여 단맛 쓴맛을 모두 맛보았다. 이 과정을 통해 얻은 철칙 한 가지가 있다면 "절대 과도한 욕심은 부리지 않는다!"이다. 경매를 통한 부동산 투자는 어느 정도 욕심은 필요하다. 하지만 지나친 욕심은 화를 불러온다. 예상치 못한 손해는 생각보다 큰 손실로 나타나며 부동산경매에 대한 의욕까지 꺾을 수 있다. 필자도 재개발에 대한 지나친 기대감으로 조금 더 놔두면 오를 거라는 욕심을 부리다가 매도시점을 놓쳐서 큰 낭패를 본 적이 있다.

성공한 부자들을 유심히 보라. 이들은 끊임없이 투자를 하지만 절대로 과도한 욕심은 부리지 않는다.

낙찰 이후 처리 방법과
매도 타이밍이 관건

경매 물건을 낙찰받은 이후에는 반드시 그 물건에 대한 처리 방법과 타이밍을 염두에 두어야 한다. 부동산은 돈과 바로 직결되기 때문에 처리 방식에 따라 수익의 차이가 엄청나다. 단기 매도하여 시세 차익을 통한 수익을 낼 건지 임대 사업을 통해 임대 수익을 낼 건지 아니면 묻어 두어 장기적인 수익을 낼 건지에 따라 투자의 성패가 결정된다. 특히 재개발, 재건축, 뉴타운의 경우는 매도 타이밍이 가장 중요하다. 일반 부동산 구매자 중엔 재개발, 재건축, 뉴타운지역을 미래에 대한 투자로 보고 부동산 중개업소를 통하여 매물을 구하려는 사람들이 많다. 그래서 이 세 곳의 경매 물건을 미리 검색하여 낙찰을 받아두면 큰 수익을 기대할 수 있다.

검색한 물건에 대하여 현장조사를 실시한 후 낙찰을 받아 잔금을 납부하여 소유권을 취득하였다고 가정해 보자. 이때 부동산 중개업소를 통해 매수 문의가 오면 어떻게 할 것인가? 최고 시세에 대한 기대심리에 부풀어 조금 더 있다 매도할지 아니면 이 기회에 매도할지 고민에 빠지게 된다. 필자뿐만 아니라 주위의 낙찰 경험이 있는 대부분의 초보자들은 이런 고민을 한다. 그러나 부동산은 불이 붙었을 때가 신호탄이기 때문에 하루라도 빨리 매도하는 것이 높은 수익을 낼 수 있다. 불이 한번 붙은 후에는 점차 꺼져 가듯이 부동산도 마찬가지로 불붙은 시점이 곧 하락의 시점이 되기 때문이다.

  부동산 시세가 불붙기 시작하는 시기에는 매도 물량이 많아지기 때문에 오히려 가격은 하락한다. 아무리 매스컴에서 현재 아파트가 안 팔린다 안 팔린다 하여도 현실은 분명 다르다. 매매가가 가장 낮은 급매물부터 팔리고 있는 것이다. 그리고 나서 자신이 소유하고 있는 부동산이 팔리기 때문이다.

  다음(2006타경7083)은 필자가 성북구 소재의 정릉10구역 재개발 아파트에 28명이 응찰하여 낙찰받은 사례이다. 시공사는 현대산업개발의 아이파크(I' PARK)로 브랜드 가치가 높은 우량 아파트이다. 그 당시는 재개발 붐이 한창일 때로 재개발 부동산 투자에 대한 열기도 높고 아파트도 주부들이 선호하는 브랜드여서 경쟁이 치열할 것으로 예상되었다.

  필자도 재개발의 초기 붐을 잘 타고 차순위 신고 가격과의 차이도 얼마 나지 않았으며 응찰자수 28명을 감안하면 '이건 정말 돈 되는 재개발 경매물건이겠구나'라는 생각이 들었다. 정말 이때는 재개발 부동산에 투자하는 이들이 너무나도 많았다.

  이 물건의 낙찰가를 살펴보면 최초 감정가 9천만 원(2006.03.03. 감정)이었으나 유찰 없이 첫 회에 무려 1억 6천 3백만 원에 낙찰되었다. 감정가의 거의 2배에 가깝게 낙찰을 받았지만 재개발 진행 중이었기 때문에 그 가격에 낙찰을 받아도 충분한 수익을 기대할 수 있었다. 이 물건의 대지지분은 넉넉하다. 재개발에 있어서 건물가격은 중요하지 않다. 건물의 경우는 추후 멸실하기 때문에 가치를 잘 따지지 않는다.

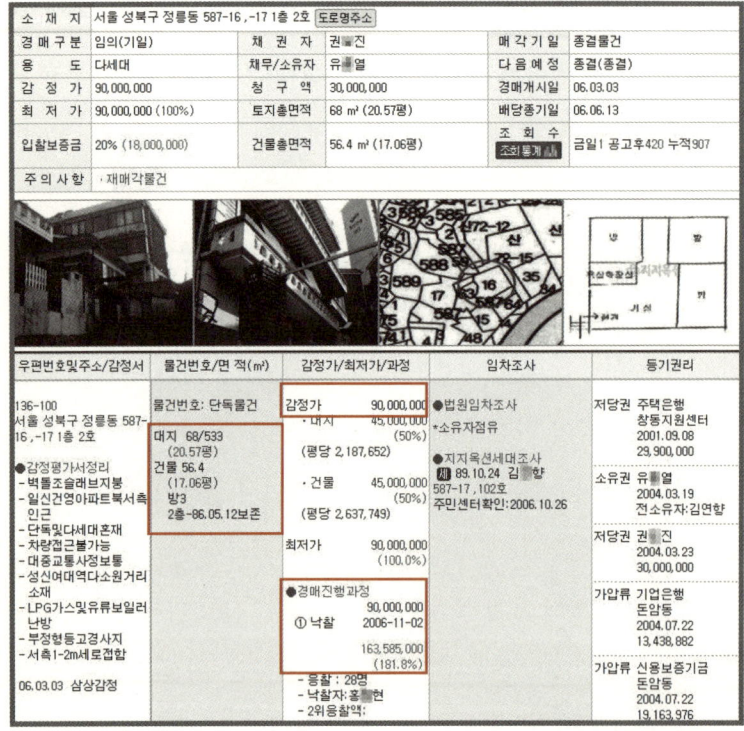

재개발이 진행되면서 아이파크(I' PARK)라는 브랜드 가치와 더불어 하루가 다르게 치솟는 아파트 가격을 계산하여 보면 이 지역 부동산에 대한 관심은 말할 것도 없었다. 인근 부동산 중개업소들은 직접 매물을 구하려고 이곳저곳을 기웃거리며 소유자들을 만나서 직접

매매하려고 무진 애를 쓰는 상황이었다.

  필자가 낙찰받은 물건도 3억 5천만 원 정도의 가격에 매도하여 준다는 부동산 중개업소가 있었다. 그러나 추후 가격을 더 받을 수 있다는 생각에 버티고 버텼다. 그러나 그 욕심이 화근이었다. 재개발의 경우 감정평가금액이 일반 부동산 시세보다 더 높게 평가될 수 없다. 또한 재개발이 완료되어 입주하기까지 부담해야 할 추가 분담금이 더 크다는 것을 시장에서 점차 알게 된다. 그렇게 되면 매수 문의도 적게 되고 당연히 가격 또한 하락하게 된다. 재개발, 재건축, 뉴타운은 개발 초기 붐을 타고 오를 당시가 매도시점이다. 필자의 경우는 그 시기를 놓쳐서 소위 '현금청산' 신청을 하였다. 현금청산을 하게 되면 재개발 조합에서 그 물건을 매수하게 된다. 이때 감정평가금액 그대로 매수하므로 큰 손실을 입는다. 현금청산까지 가서 손해 보기 전에 빨리 매도하는 것이 상책이다. 필자의 경우에는 재개발시공사 현대산업개발의 소위원과 대위원으로 약 2년 동안 활동하며 재개발 실무를 익혔다. 결론적으로 재개발에 대한 실무 전문가는 되었지만 손해를 통해 재개발 경매 물건은 하루라도 빨리 처분해야 경제적 손실을 최소화 할 수 있다는 것을 배우게 되었다. 과도한 욕심은 큰 경제적 손실을 불러온다.

  재개발, 재건축, 뉴타운 내 경매 부동산이 있다면 전반적인 사항을 철저히 분석해야 하며 추후 감정평가 금액이 부동산 가격을 좌우

하므로 어느 정도 불 붙었을 때 바로 매각하는 것이 절대 수익에 도움이 된다는 것을 다시 한 번 강조한다.

결론적으로 재개발 물건뿐만 아니라 어떤 물건도 어느 정도 가격을 받을 수 있는 시점에 매도해야 한다는 것과, 과도한 욕심은 다시는 부리지 말아야 한다는 교훈을 뼈저리게 느끼고 배웠다.

"부동산의 매도 시점은 붐을 탔을 때이다."
그 이상을 기대하지 마라.
어느 정도 수익을 봤으면 빠져 나와라.

강남 3구 인근 지역에 낙찰을 받아라

직장을 퇴직하고 본격적으로 알짜배기 경매 물건을 골라 부지런히 현장 조사를 하여 알차게 현금을 모았다. 손에 쥐고 있는 현금이 여의치 않아 여기저기 소형 물건을 낙찰받아 단기 매도를 통해 수익을 올렸다. 경매를 통해 꽤 괜찮은 수익을 낸다는 소문이 나면서 주변 사람들이 필자에게 자신들의 수익률도 올려줄 수 없겠느냐고 도움 요청을 해왔다. 마침 내가 가진 자금만으로는 안 되는 큰 물건에 도전해보고 싶은 마음이 컸을 때였다. 이때 뜻밖에 제안이 들어왔다. 예전 회사 선배들의 투자 제안이었다.

본격적으로 강남 3구 지역을 조사했다. 마침 강남구 압구정동 쪽의 대형평수 아파트가 경매로 나왔다. 유찰도 여러 차례 되었고 유치권신고도 되어 있었다. 이 물건에 응찰하려고 관리사무소를 방문하고 물건지 현장조사를 하면서 마지막으로 인근 부동산 중개업소를 방문하였다. 공손하게 시세를 물어보았다. 그러나 부동산 중개사는 필자를 보자마자 무성의하게 손을 흔들며 나가라고 하였다. 순간 당황하여 경매에 응찰하려고 시세 조사하려고 하는데 왜 그러느냐고 물으니 도리어 어디서 왔냐고 반문하는 것이 아닌가? 강북 돈암동에서 왔다고 하니 필자의 공손한 질의에도 불구하고 손사래를 치며 한마디 하였다. 강북 사람은 그 물건 못산다는 것이다. 집에 돌아와 생각하니 불쾌하기 짝이 없었다. 차림새가 허름하지도 않았는데 문전박대를 당한 것이 참 어이없었다.

그날 밤 강남 주변 지도를 펼쳐놓고 한참을 들여다보았다. 이때 눈에 들어온 지역이 강남 인근 지역이었다. 강남과 인접한 사당동, 신당동, 장충동, 한남동이었다. 바로 경매 물건을 알아보니 강남과는 가격 차이가 현저했다. 이거였다! 이를 계기로 강남 3구 인근 지역 경매 물건을 샅샅이 검색하여 현장 조사를 시작했다. 부동산 붐은 강남 3구부터 일어난다. 그러므로 강남 3구 인근 지역에 낙찰을 많이 받을수록 가격 경쟁력에서 유리하고 매도 또한 쉬우며 수익률도 좋다.

선배들의 투자에 힘입어 가용 현금에 여유가 생기자 강남 인근 지역을 집중공략 하였다. 선배들의 자금력을 동원하여 경매 또는 공매로 나온 경매부동산을 종별로 파악한 후 물건을 검색하고 권리분석을 꼼꼼하게 하였다. 현장조사의 성패는 얼마나 많이 발품을 팔았느냐에 달려있다. 주택을 제외한 다층 건물의 로열층외에는 특별히 세심한 관찰이 필요하다. 외관의 경우 벽의 크랙(금이 가거나 부실하게 되어진 부분)여부와 정도는 반드시 확인해야 한다. 오래된 빌라, 다세대 연립 또는 주택의 경우(아파트는 제외)는 내부를 손을 봐야 한다는(리모델링 또는 보수) 생각을 하고 입찰가격을 정해야 한다.

방배동 큰길 건너 사당동

그 첫 번째 예가 강남의 서초구 방배동 맞은편 사당동이다. 방배동과는 바로 큰길 하나를 두고 부동산 시세 차이가 많이 난다. 그러나 교통 여건과 주위 환경은 큰 차이가 없다. 무조건 강남이 최고다라는 생각을 버려야한다. 바로 사당동의 중대형평수와 소형평수 위주로 물건을 검색하여 소형빌라, 다세대주택, 연립 등을 낙찰받았다. 이 물건들은 빠른 시간 내에 원하는 금액으로 매도할 수 있었다.

강남의 부동산을 매수하거나 임대하려고 중개업소를 방문하여 보면 그 시세가 너무 비싸다. 뿐만 아니라 집 구경을 하다보면 금액에 비해 터무니 없이 집이 좁다는 것을 알게 된다. 그렇다면 어느 지역으로 집을 구하러 가겠는가? 가장 가까운 곳인 사당동이다. 가격은 방배동보다 훨씬 저렴하고 평수는 방배동에 비해 경쟁력이 있다는 장점이 있다. 사당동에는 중개업소에 매물을 의뢰하였고 맞은편 방배동에는 인쇄물을 제작하여 직접 전봇대 등에 부착하고 다녔다. 소형물건들은 매도하기 쉬웠고 중대형 물건들은 매도시점이 소형평수보다 다소 시간이 걸리긴 하였으나 수익률은 소형평수 물건의 두 배가 넘었다.

한남대교 건너
신당동

신당동의 경우도 한남대교만 넘으면 바로 강남으로 연결된다. 신당동은 언덕이 있는 곳이 많다. 가급적이면 평지에 있는 물건들을 선정해야 한다. 지하철역에 가깝고 교통이 좋으면 더욱 좋다. 신당동의 경우는 낙찰을 잘 받으면 1채만 매도해도 보통 대기업 부장연봉 정도의 수익이 발생되고 사당동의 경우도 소형평형 기준으로 2채만 매도하면 그 정도의 수익은 보장되었다.

다음의 사례(2009타17876)를 살펴보면 이해가 쉽다.

사당동 다세대 주택(2009타경17876)

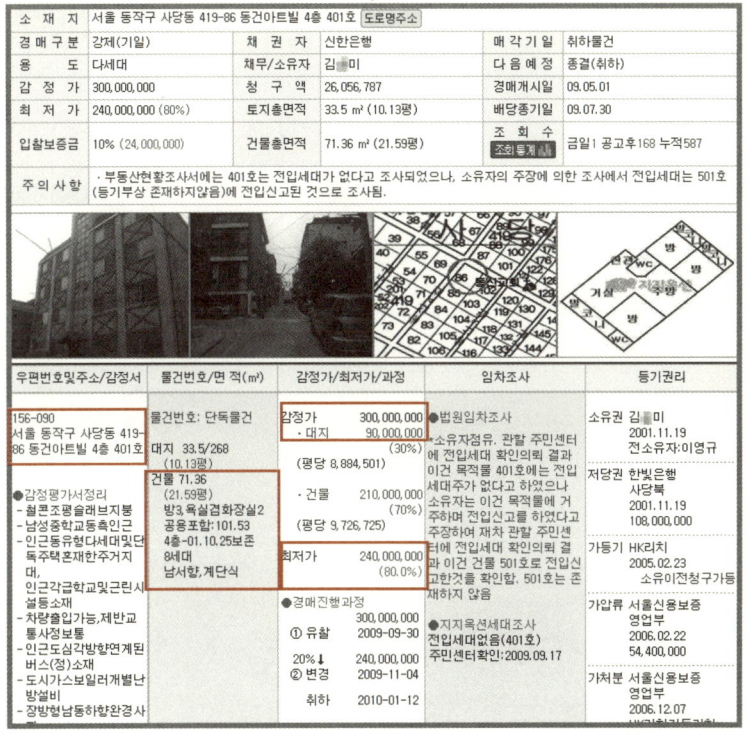

방배동 인근 사당동의 다세대 주택이다. 감정가격 3억 원, 최저가 2억 4천만 원으로 건물면적은 71.36㎡(전용면적 22평, 방3, 화장실2)이다. 건축년도도 2001년 10월로 일반 서민이 거주하기에 손색이 없는 부동산이다.

이와 유사한 평수의 방배동 물건을 비교하여 보면 쉽게 알 수 있다. 다음의 다세대 주택(2009타경37061)을 살펴보자. 건축년도는 80년

대이며 건물전용면적 52.23㎡(15.8평)으로 방3개와 지하에 전용면적 4.4평의 노후 된 창고가 덜렁 있을 뿐이다. 그러나 감정가격은 무려 5억 원이나 된다. 이 두 물건이 각각 1회씩 유찰되어 최저가에 낙찰 된다고 가정해 보자. 사당동 경매 물건은 2억 4천만 원이고 방배동의 노후 된 경매 물건은 4억 원이다. 무려 1억 6천만 원의 가격 차이가 난다. 그렇다면 거의 답이 나오지 않았는가?

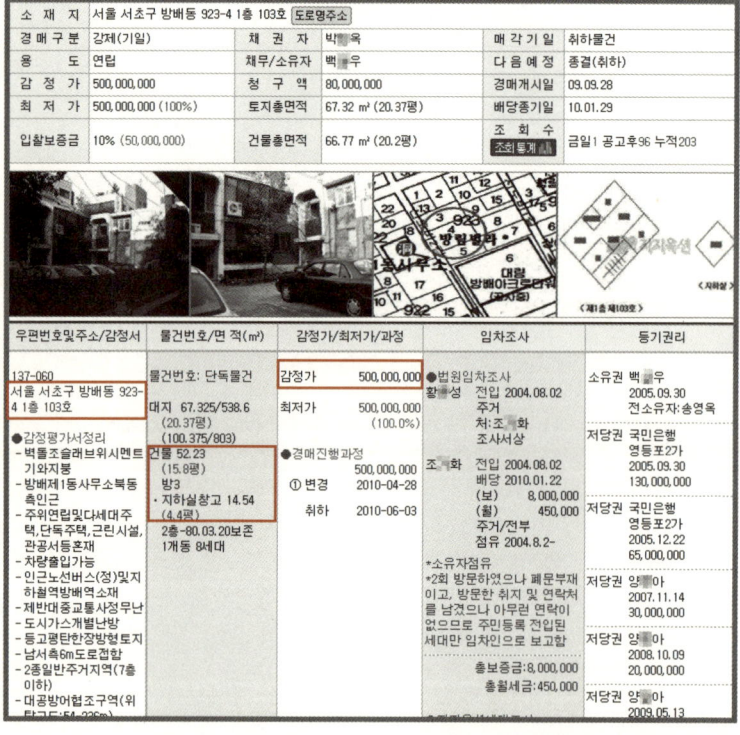

방배동 다세대 주택(2009타경37061)

이 사례를 통해 사당동 경매물건을 낙찰받아서 매수할 연령대를 파악하여 약간의 리모델링이나 인테리어만 거친다면 충분한 수익을 창출할 수 있다는 것을 알 수 있다. 강남 3구 인근 지역의 경매 및 공매 물건을 낙찰받아보면 이런 경험을 직접하게 될 것이다.

"무조건 강남이 최고가 아니다."
투자 대비 수익이 우선이다.
강남 3구 인근 지역을 공략하라.

소문에 사고 소문에 팔아라

일반 부동산과 마찬가지로 경매 부동산도 소문에 사서 소문에 팔아야 한다. 그래야 수익성을 높일 수 있다. 결론적으로 호재를 미리 알고 있어야 하고 부동산 관련 정보를 빠르게 파악하고 있어야 한다는 것을 뜻한다. 그런 의미에서 꼼꼼한 현장조사는 그 무엇보다 중요하다. 경매물건 현장 조사(임장)차 인근 부동산에 방문하게 되면 해당 물건 주변 지역의 여러 특이사항을 듣게 된다. 예를 들자면 구청이 곧 들어올 예정이라든지, 대학교 기숙사가 들어온다든지, 대형 쇼핑센터나 쇼핑몰 입점 예정이라든지 여러 부동산 가격상승을 기대할 수 있는 복합적인 여러 정보를 입수하게 된다. 이렇게 입수한 정보들이 있는 지역의 물건을 미리 검색하다보면 반드시 경매로 예정(채권자가 경매를 신청하여 법원에 접수되는 물건 이러한 물건은 접수되면 경매입찰에 붙여지는 시간이 다소 걸린다)되어 있거나 진행 중인 물건이 있다.

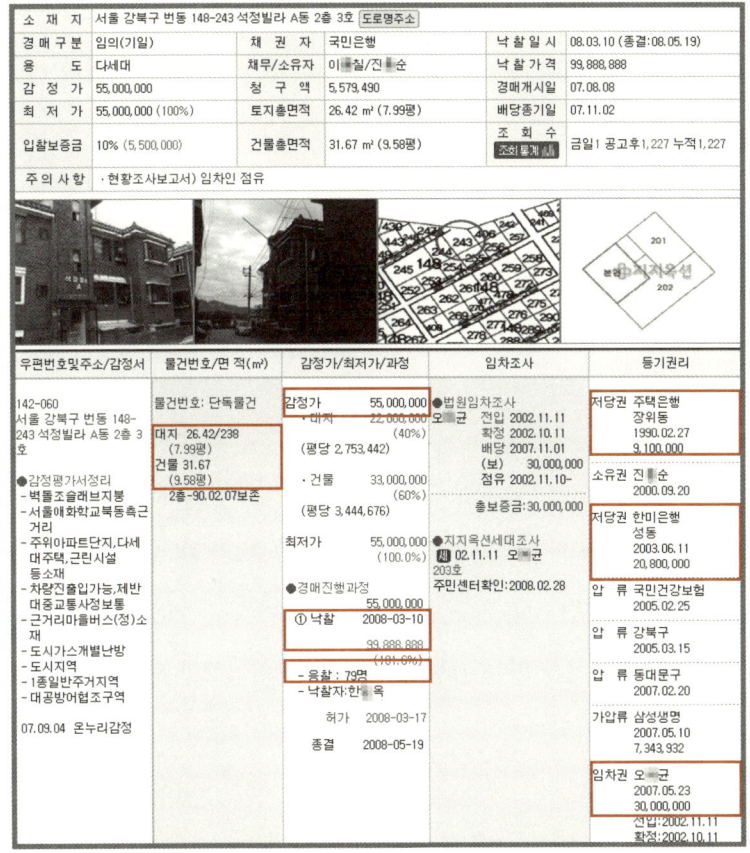

번동의 다세대주택(2007타경18867)은 감정가격이 5천 5백만 원이며 임차인의 임차금액은 3천만 원이다. 오른쪽의 등기권리를 살펴보면 첫 번째 저당권 주택은행 이후 한미은행에 2천만 원의 저당권이 설정되어 있다. 그렇다면 이 물건의 감정가격은 적정 수준이다. 이후의 압류 및 그 밖의 권리는 생각지 말자. 그런데 대지면적이 7평이고 전용면적도 9평 밖에 안 되는 이 작은 물건에 왜 79명이나 응찰했을까? 그리고 왜 낙찰가격도 감정가의 2배인 99,888,000원일까? 좀 더 구체적으로 아래의 예를 들어 설명해 보겠다.

부동산은 소문이다

　　　　　　　　　　　　이 물건 또한 같은 동번지의 경매물건(2007타경26844)이며 모두 2008년 3월에 진행된 경매물건이다. 대지평수 또한 별반 차이가 없다. 건물평수만 조금 클 뿐이며 임차인이 없고 소유자만 점유했다. 그런데 응찰자가 무려 30명이고 낙찰가 또한 감정가 8천만 원을 훨씬 초과한 1억 3천 3백만 원에 낙찰되었다. 이유가 무엇일까?

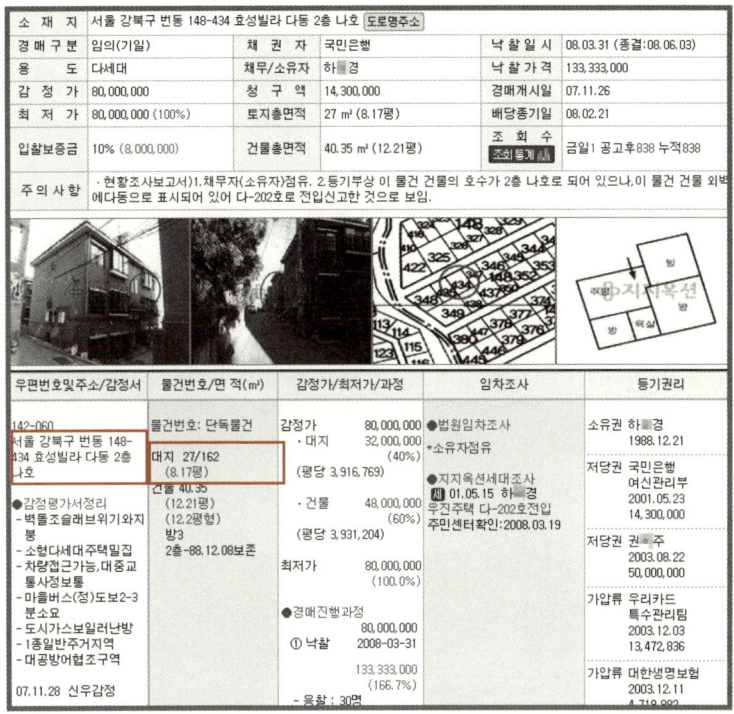

이 지역은 거의 이 정도 평수의 노후주택이 즐비하게 들어서 있다. 노후주택이 매우 많을 뿐 아니라 부동산 가격의 아킬레스건인 높은 언덕지대에 위치하여 있다. 그런데도 불구하고 낙찰가액이 상당히 높고 응찰자 수 또한 매우 많다는 것을 확인 할 수 있다. 이것은 이 지역에 호재가 있음을 암시한다. 당시 이 지역에는 대우, 삼성, 현대 등 굵직한 건설사 3군이 재개발 또는 뉴타운 시행업체로 지정된다는 소문이 무성했다.

부동산 가격 특히 뉴타운이나 재개발에 따른 가격은 소문에 의해 높게 형성된다. 가격이 소문에 의해 결정되는 것이다. 필자는 여러 채널을 통하여 이 정보를 미리 입수한 후 부동산 현장조사를 통해 매매계약이 활발하게 이루어지고 있다는 것을 알게 되었다. 곧바로 이 지역 경매물건을 검색하여 여러 건의 경매물건을 낙찰받았다. 당연히 매수 세력이 증가하고 있는 상황이었으므로 물 만난 고기마냥 명도만 완료되면 내부 수리도 할 필요가 없이 손쉽게 매도되었다. 심지어 필자가 법무사 사무소 사무장으로 재직 중인 것을 알고 그쪽 물건이 더 없냐며 문의해오는 중개업소도 많았다. 이 지역은 낙찰만 받으면 매매가 너무 쉽게 성사되었기 때문에 명도 과정 중에 미리 웃돈을 주고 가계약하는 경우도 허다했다. 결론적으로 소문에 사서 소문에 매도하면 충분한 수익을 올릴 수 있는 것이다. 부동산은 소문이다.

이와 유사한 예를 하나 더 소개한다. 강북구 번동 148번지(2007타경 26844)와 강북구 미아동 258번지(2007타경1548)는 지도상 거의 같은 위치에 있다고 하여도 과언은 아니다. 다음의 미아동 경매물건을 살펴보면 이 물건은 2007년 6월에 낙찰되었다.

번동 물건은 대지평수가 8평이고 미아동 물건은 11평으로 유사하다. 임차인이 임차보증금 4천만 원에 거주하고 있다. 그렇다면 이 부동산의 가격은 임차금 대비 계산하여 감정가 4천 6백만 원이 적정 수준이라는 것을 알 수 있다. 그런데도 경매로 나온 이 부동산 또한 응찰자 32명에 낙찰가격이 무려 감정가를 훨씬 넘는 156%인 71,800,000원에 낙찰 되었다.

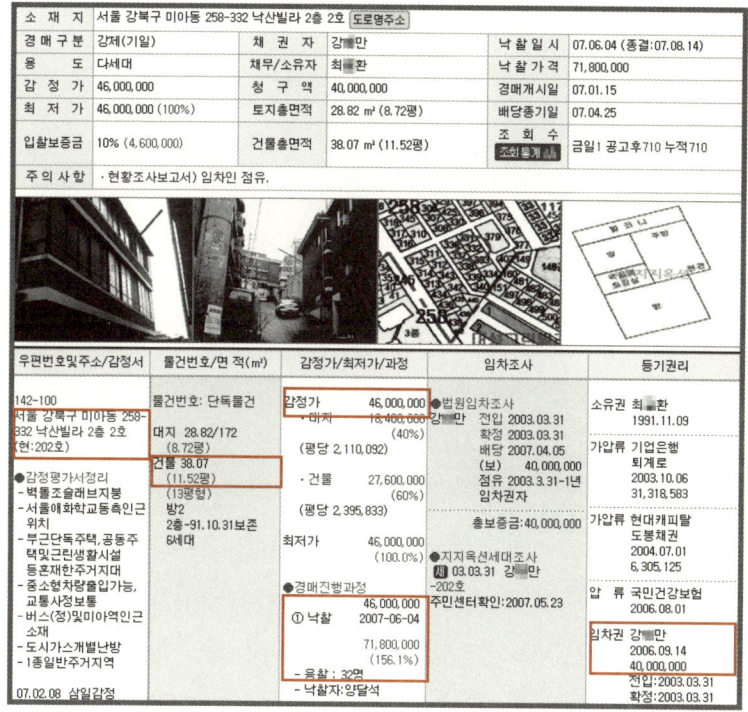

왜 일까? 소문이 나기 시작했기 때문에 미리 선점한 것이다. 부동산은 소문이 나기 시작하면 하루가 다르게 가격이 급등하기 때문이다.

"소문에 사서 소문에 매도하여야 한다"는 부동산 거래 원칙은 명확하다. 그러나 마지막에 막차로 부동산을 매수하는 사람은 차익을 통한 수익을 보기는 힘들다.

"소문에 사고 소문에 팔아라"
부동산도 트랜드가 있다.
팔 수 있을 때 팔아 치워야 한다.

명도는 최대한 빨리 하라

경매 고수는 경매뿐 만아니라 온비드(http://www.onbid.co.kr)에서 나오는 공매 부동산도 눈여겨보자. 경매 물건은 법원의 인도명령제도(매수인이 낙찰대금 전부를 납부하고 소유권을 취득한 후 점유자를 상대로 해당 부동산을 매수인에게 인도하라는 것을 법원에 구하는 명령제도)가 있어서 낙찰받은 물건의 점유자와 원만한 대화가 이루어지지 않을 경우 최후 통첩으로 집행관을 대동하여 강제집행을 예고하고 점유자를 명도할 수 있다. 그러나 온비드에서 실시하는 공매 물건의 경우 명도 책임은 낙찰자 곧 매수인이 부담한다고 규정하고 있다.

경매 물건이든 공매 물건이든 명도는 매우 중요하다. 모든 수단과 방법을 동원해 명도가 지연되지 않도록 해야 한다. 경매를 통한 수익은 명도에 달려있다. 매도를 통한 시세 차익을 목표로 하는 경우에는 매수인이 있을 때 바로 매도해야 한다. 이 기회를 놓치면 매매가 지연되어 수익률에 악영향을 미친다. 또한 낙찰 잔금을 대출 받았을 경우에는 매월 이자 비용이 발생하기 때문에 경매의 핵심은 빠른 명도임을 명심해야 한다. 빠른 명도는 높은 수익률과 더불어 또 다른 좋은 기회를 제공해준다.

점유자는
빨리 만나라

낙찰받으면 즉시 점유자를 만나는 것이 좋다. 먼저 점유자와 대화를 통한 원만한 명도 계획을 세우고 방문해야 한다. 그러나 처음 방문 시 만나지 못하는 경우가 대부분이므로 현관문에 전화번호를 적은 쪽지를 부착하여 점유자가 연락해 올 수 있게 하여야 한다. 점유자와 하루라도 빨리 만나는 것이 명도를 최대한 빨리 할 수 있는 지름길이다. 공매 또한 낙찰받고 허가가 결정되면 낙찰받은 물건지의 점유자를 만나러 가야 한다. 공매의 경우 낙찰허가가 결정되면 공매를 취하할 수 없고 낙찰자의 동의를 받아야만 취하가 가능하다는 것을 잊지 말자.(경매의 강제경매와 동일)

점유자를 만나면 먼저 대화를 통해 원만한 명도를 진행하자. 그리고 잔금을 납부한 후에는 바로 인도명령을 신청하고 점유이전가처분 신청을 반드시 해야 한다. 인도명령이 점유자에게 송달된 후 최후의 방법으로 법원 집행관을 통해서 강제집행을 실시 할 수 있는 권한이 생기므로 점유자와의 대화를 통한 협상 결렬을 대비하여 바로 강제집행을 할 수 있도록 안전장치를 해두어야 한다. 공매 또한 마찬가지로 점유자와의 협상이 실패할 경우에는 명도소송을 준비하고 손해배상을 청구하는 소를 제기하여야 한다.

치밀한 밑그림을 그려라

신속한 명도를 진행하기에 앞서 치밀한 밑그림을 그리고 점유자에게 접근하여야 한다. 먼저 등기부등본을 참고하여 점유자의 연령대를 파악하자. 그리고 법원의 해당 경매계를 방문하여 물건명세서를 반드시 열람해야 한다. 낙찰받은 후 반드시 만나게 되는 사람이 점유자(경매 부동산에 거주하고 있는 사람)인데 점유자가 소유자인지 임차인인지에 따라 차이가 있으므로 등기부등본과 물건명세서를 꼼꼼히 잘 파악하고 명도 계획을 세워야한다. 다시 한 번 강조하지만 신속하고 빠른 명도에 따라 수익성이 결정된다는 점을 명심하자.

무조건 낙찰받은 물건지에 즉시 방문하자. 통상 소유자 점유인 경우 경매 물건의 점유자를 쉽게 만나기 어렵다. 이때는 옆집 또는 아래 위층에 탐문하여 소재를 파악해야 한다. 이것이 여의치 않다면 점유자의 기분이 상하지 않게 현관문 앞에 메모를 붙여 놓거나 문틈 사이로 자신의 연락처를 기재하여 삽입하는 것도 좋은 방법이다. 가급적 빠른 시일 내에 점유자와 만나는 것이 관건이다.(명도에 대한 구체적인 내용은 2장에서 다루므로 우선 소유자 점유를 기준으로 한다.)

구체적인 상황 설명은 필수이다

결국은 소유자와 만나게 된다. 만나서 앞으로 진행될 상황에 대해 미리 설명해야 한다. 경매가 진행되어 낙찰된 집을 방문하여 보면 대부분의 소유자는 자신들이 어떻게 해야 하는지를 잘 모른다. 경매로 자기가 살던 터전을 잃는다는 것을 인정하는 것이 어디 쉬운 일이겠는가? 오랜 기간의 빚 독촉으로 인해 사기와 의욕저하는 물론이고 경매 진행 과정에서 지칠 대로 지쳤으니 어디 사는 것이 쉬웠겠는가? 이런 집 현관 앞에는 소주병과 막걸리 통이 나뒹구는 것은 다반사이다. 그런 상황이기 때문에 자신들이 어떻게 해야 되는지 제대로 아는 소유자는 별로 없다.

소유자와 첫 대면 할 때는 반드시 공손해야 한다. 그리고 가급적이 집을 빨리 비워주어야 한다는 상황 설명을 반드시 구체적으로 하여야 한다. 내가 곧 잔금을 치를 예정이고 잔금을 치름과 동시에 이 집의 새로운 소유자는 내가 된다는 것을 알려주고 미리 이주한다면 그에 상응하는 이주비를 지급할 것이라는 구체적인 설명도 해야 한다. 이때 소유자가 쉽게 납득하고 수용한다면 소유자에게 각서를 받는 것도 효과적이다. 진심에서 우러난 허심탄회한 대화를 통하여 받은 각서는 충분한 효과를 얻을 수 있다. 물론 때에 따라서는 강제집행을 실시 할 수도 있다는 것을 필히 설명하여야만 한다. 소유자가 자신의 상황을 정확히 인지하여야만 비로소 부랴부랴 이주할 집을 찾는다.

가급적 강제집행을 하겠다는 강압적인 자세보다는 상대를 배려하는 마음으로 대화를 하여야 한다. 앞서 말했듯이 명도는 대화로 시작하여 대화로 종결하는 것이 바람직하다. 처음부터 밀어붙이기식으로 강압적으로 일을 풀어 가면 불붙은 집에 기름 붓는 격이 되어 "그래, 너 할 대로 해봐라!"로 나오는 상황이 되기 쉽다. 이때 최악의 경우에는 강제집행을 해야 한다. 그러나 강제집행은 마음도 편치 않을뿐더러 시간도 걸리고 생각보다 많은 비용이 지출된다. 그러므로 충분한 대화를 기초로 명도 하는 것이 오히려 신속하게 명도 할 수 있는 방법 중 하나다.

그러나 명도에 관한 대화를 할 때 주의해야할 점이 있다. 상대방이 하는 말을 처음부터 끝까지 일방적으로 경청하지 말고 중간 중간 이야기를 끊어주어야 한다. 그래야 자신이 계획한 대로 대화의 방향을 이끌어갈 수 있다. 상대방의 하소연을 계속 들어주다 보면 끝이 없다. 점유자가 현재 불리한 상황이고 하루 빨리 퇴거를 하게끔 대화를 이끌어가는 것이 핵심이다.

신속한 명도가 최선이자 최고이다

부동산 경매에서 중요한 것이 너무나도 많지만 신속하고 빠른 명도가 큰 수익을 낼 수 있는 최고의 방법임을 재차 강조한다. 그리고 가급적 여성들은 명도하지 않기를 바란다. 가능하면 대행업체를 통해 진행하길 권한다.

다음 사례(2002타경8124)는 남편이 군무원 출신으로 주식투자 실패와 친구 보증으로 인해 자신이 살던 부동산을 경매로 잃은 경우이다. 낙찰을 받고 집을 방문하여 보니 남편은 실의에 빠져있고 부인은 예식장에 음식을 조리하여 납품하는 일을 하고 있었다. 집안에서 전기 후라이팬을 사용하여 각종 전을 조리하고 있어 집안 내부는 기름 때와 얼룩으로 매우 불결한 상태였고, 부부는 이혼까지 생각하는 극한 상황까지 간 지경이었다. 명도 과정에서 대화로 풀어가려고 부단히 애쓰고 노력하였으나 부인이 어떤 이야기도 들으려고 하지 않고 막무가내였다. 여러 차례 대화를 시도하였지만 결국 해결이 안

되어 법의 힘을 빌어 강제집행을 실시하게 되었다. 집행 과정 중 소유자 부인의 친구들이 여러 명 몰려들어 집행관들과 필자를 협박하는 사태까지 발생하였다. 정말 강제집행은 최후에 고려해야 한다. 그러나 대화로 원만하게 해결이 안 된다면 강제집행도 서둘러야 한다. 경매의 최대 핵심은 빠르고 신속한 명도이다.

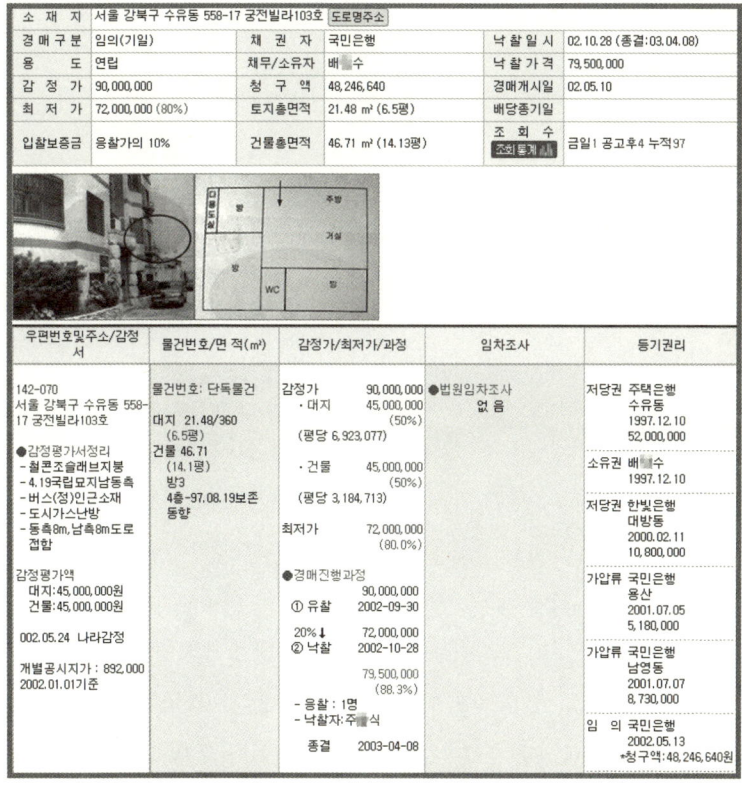

3대가
잘사는
Secret 1

점유자는 과연 언제 만나는 것이 가장 좋은가?

낙찰받은 후 바로 VS 낙찰 잔금 치른 후
::

낙찰받은 후 바로 점유자(전 소유자 또는 임차인)를 만나는 경우에는 점유자와의 충분한 대화 시간을 확보할 수 있는 가장 큰 장점이 있다. 경매가 완료되면 이유를 불문하고 점유자는 해당 부동산을 비워주어야 한다. 점유자가 소유자여도 임차인이어도 어차피 이사를 가야하는 상황이므로 이주할 수 있는 집을 알아보는 시간이 필요하다. 다행히 점유자가 남의 이목이 무서워 조용히 이사를 원하는 경우나 미리 마음의 준비를 하고 있는 경우에는 낙찰 잔금 지급과 더불어 명도가 가능하므로 낙찰과 더불어 바로 만나서 명도 계획을 세우고 진행하는 것이 좋다. 이런 스타일의 점유자라면 최대한 이사를 돕고 적당한 이사비용도 챙겨주는 것이 좋다.
점유자가 자신의 상황을 받아들이고 순순히 명도해주면 좋으나 이런 점유자들은 거의 없다. 낙찰받았다고 내가 바로 소유주가 되는 것이 아니므로 아직은 법적인 소유권이 없는 상태이기 때문이다. 이때 섣불리 점유자의 만남을 시도했다가 점유자가 소유권을 근거로 대화 자체를 거부하거나 명도 자체를 거부하면 매우 복잡한 상황이 되기 쉽다. 이럴 때에는 낙찰 잔금을 치른 후 점유자를 만나는 것이 현명하다. 이때 점유자의 스타일에 따라 다양한 반응을 보이므로 점유자의 성향을 파악하는 것이 우선되어야 한다.

소유주 VS 임차인

::

소유자가 직접 경매 부동산을 점유하고 있는 경우 잉여 배당금(등기부등본 상의 채권자가 모두 배당을 받고 난 이후 그 잔존금액이 남았을 경우 소유자에게 배당되는 금액)의 유무에 따라 약간 차이가 있다.

잉여 배당금이 있는 경우는 낙찰자가 보다 꼼꼼하게 명도를 준비해야 한다. 최근 실시되는 경매, 공매 물건의 경우에 이런 잉여 배당금이 많이 생기는데 이는 고의적으로 경매를 진행하는 일들이 증가하고 있기 때문이기도 하며 채권자가 변제 받고자 하는 채권 청구금액과 등기부상의 채권 금액이 경매신청한 부동산 시세보다 작을 경우에 발생하기도 한다. 이처럼 금융기관의 대출이자 연체나 일반채권자의 채무변제 때문이 아닌, 부동산을 청산 또는 처분하려고 고의로 경매를 신청하는 이유는 부동산침체기 또는 경기 악화의 영향으로 부동산 중개업소를 통한 매매가 쉽게 이루어지지 않아서이다. 이럴 경우 법의 힘을 빌어 임의경매 또는 강제경매라도 진행하고자 하기 때문이다. 이런 경매부동산의 경우 낙찰된 이후 소유자에게 잉여 배당금 배당이 이뤄질 때 소유자가 배당금을 수령하고 이사는 안 나갈 수 있기 때문에 잉여 배당금을 수령하기 전에 서둘러 가압류를 해야 하는 등의 세심한 준비가 필요하다.

잉여 배당금이 없는 경우에는 명도에 부담이 없는 상황이긴 하지만 이주비를 과다하게 요구하는 등 점유자 스타일에 따라 문제가 발생할 수 있음을 명심하자. 그러나 정작 중요한 것은 현장조사 시 파악된 점유자 스타일에 따라 만나는 시기를 결정하는 전략이 필요하다.
소유자 점유의 명도가 심리적으로나 진행과정 상으로나 임차인 점유에 비해 상대적으로 부담이 된다. 그러므로 낙찰 후 바로 만나서 충분한 대화로 상황을 마무리 짓는 것이 바람직하다.

임차인 점유의 경우는 배당여부와 비율에 따라 상황이 달라진다. 전액 배당받거나 일부 배당받는 임차인의 경우는 낙찰자의 인감증명서와 가옥명도확인서에 낙찰자의 인감도장 날인이 있어야 법원에서 배당을 실시하기에 이러한 내용을 임차인을 최대한 빨리 만나 설명하여 설득을 통해 빠른 명도를 진행하는 것이 좋다. 전혀 배당을 받지 못하는 임차인의 경우가 까다로운데 이 경우도 낙찰 후 임차인를 빨리 만나 상황을 정확히 설명해주고 이주할 것을 설득이나 권고를 하여야 한다. 만약 소유권 이전 이후에도 점유하고 있으면 명백한 소유권에 기한 불법점유이며 임료청구 대상이 됨을 꼭 고지해 임차인이 불리한 상황에 있음을 인지시켜야 하며 어차피 이주를 해야만 한다는 상황파악을 제대로 할 수 있도록 하여야 한다.

오랜 경험에 비추어 보면 소유자이건 임차인이건 낙찰 후 가급적 빨리 만나서 현재의 상황을 정확하고 구체적으로 설명해 주어야 한다. 이것이 점유자를 돕는 일이다. 그래야 하루라도 빨리 점유자가 다음 삶을 준비하고 새롭게 출발할 수 있다. 대화를 통한 명도가 최선임을 명심하고 점유자를 빨리 만나자.

경매 아닌 경매취하로 **부동산을 사라**

경매부동산을 권리분석 한 후 현장조사를 하다보면 경매물건보다 더 저렴한 초급매물도 가끔 만나게 된다. 소유주가 급하게 이사를 해야 되는데 이사할 곳의 잔금을 제대로 마련하지 못했거나 갑자기 급전이 필요한 경우이다. 이런 물건들도 현장조사를 할 때 심심치 않게 만날 수 있다. 그러나 이렇게 나온 초급매물의 경우도 정말 저렴하게 나온 초급매물인지의 여부는 확실히 따져 보아야 한다.

필자는 거의 정확한 권리 분석이 가능하므로 남들이 입찰을 꺼려하는 물건을 종종 찾아낸다. 다만 이러한 물건은 상대적으로 발품을 많이 팔아야하고 현장조사 또한 아주 철저히 해야만 원하는 수익을 얻을 수 있다. 경매는 몇백만 원 벌자고 하는 것이 아니라 작게는 몇 천만 원에서 몇 억까지의 수익을 예상하기 때문이다. 현장조사를 하면서 여러 곳의 중개업소를 방문하다 보면 필자가 선정한 입찰물건의 시세를 감정가 대비 정확히 파악할 수가 있다. 이렇게 얻은 정보는 추후 입찰 가격을 산정하는데 많은 도움이 된다.

초급매물이 나오면 바로 매수하라

그러나 이렇게 중개업소도 방문하고 입찰할 물건지도 방문하여 현장조사까지 마쳤는데 간혹 경매물건보다 다소 저렴하게 나온 초급매물을 만나게 되는 경우가 생긴다. 초급매물이라는 확신이 서면 내부를 꼼꼼하게 살펴본 후 바로 계약을 체결한다. 매도인에게 계약금을 더 많이 지급하고 매매가격을 좀 더 깎아달라고 요청할 필요도 있다. 만약 거절한다 해도 원래 가격에 매수하면 된다. 이렇게 초급매물을 매수하여 다시 급매로 매도하기도 한다. 이때 주의할 점은 중개업소의 말만 믿고 덥석 계약을 체결하면 안 된다는 것이다. 초심을 잃고 조급한 마음에 정확한 조사를 거치지 않고 계약한 경우에는 해당 부동산이 애물단지로 전락하기도 하므로 신중해야 한다.

경매 낙찰가가 고공행진을 하거나 경매로 좀처럼 수익을 기대할 수 없을 때 이러한 방법을 통하여 수익을 얻을 수도 있다. 전문적인 경매 지식이 있거나 부동산 등기부등본 및 임차 관계 파악 정도는 정확히 할 수 있는 정도의 실력이 뒷받침 되어야 한다. 부동산에 대한 전문적인 안목과 지식이 전제되어야 하지만 경매와 더불어 부동산 투자의 틈새시장이니 적극적인 활용도 검토해 볼 만하다.

경매 취하를 통해
초급매가로 매수하라

현장조사를 통해 초급매물을 매수하는 경우도 있지만 경매 예정 물건의 현장조사와 권리분석을 통해 경매를 취하하여 해당 부동산을 매수하는 방법도 있다. 우선 법원에 경매로 신청접수 되는 물건을 파악해야 한다. 대법원 법원경매정보(http://www.courtauction.go.kr) 또는 유료경매정보업체(지지옥션 등)에서 경매예정물건을 검색하여 활용한다. 먼저 법원에 경매신청접수가 되면 채권청구액을 확인하고 등기부등본을 확인한다. 해당 부동산의 적정 시세는 파악을 하고 있어야 한다.(잦은 현장조사를 하다보면 대략적인 시세에 대한 감이 생긴다.) 이렇게 파악한 시세와 확인된 등기부상의 '채권최고액의 총금액'과 비교한다. 대법원 법원경매정보에서 사건내역과 당사자내역, 물건내역, 문건송달내역 등도 필히 참고하여야 한다.

다음 경매부동산(2006타경34145)의 경우 임차인은 없으며 소유자만 점유하고 있는 것을 알 수 있다.

우편번호및주소/감정서	물건번호/면적(㎡)	감정가/최저가/과정	임차조사	등기권리
132-020 서울 도봉구 방학동 618- 부흥 303호 ●감정평가서정리 - 북측장미빌라, 동측연립주택, 남측방학중학교, 서측신방학초등교소재 - 차량진입및주차가능 - 버스(정)및택시이용할 수있는 방학중학교앞길까지가까움 - 교통사정보통 - 중산층거주하는아파트및다세대주택지 - 난방설비 - 장방형토지 - 도시지역,2종일반주거지역(7층이하) - 소로3류접함 - 지구단위계획구역 06.12.14 이송만감정	물건번호: 단독물건 대지 39.1/822.5 (11.83평) 건물 87.8 (26.56평) 방3,화장실2 5층-03.12.24보존	감정가 210,000,000 ·대지 105,000,000 (50%) (평당 8,875,740) ·건물 105,000,000 (50%) (평당 3,953,313) 최저가 134,400,000 (64.0%) ●경매진행과정 210,000,000 ① 유찰 2007-03-26 20%↓ 168,000,000 ② 유찰 2007-04-23 취하 2007-05-28	●법원임차조사 ●소유자점유 🏠 04.04.21 박■숙 ·지号옥선세대조사 주민센터확인:2007.03.15	소유권 박■숙 2004.06.29 전소유자:박■에외 10 저당권 우리은행 2004.06.29 96,000,000 가등기 노■분 2004.10.08 소유이전청구가등 압 류 도봉구 2004.11.17 압 류 도봉구 2006.01.27 임 의 우리은행 2006.12.11 •청구액:86,011,165원 등기부채권총액 96,000,000 원 열람일자 : 2006.12.18

▌문건처리내역

접수일	접수내역	결과
2006.12.26	압류권자 세무서,구청동 교부청구 제출	
2006.12.27	법원 집행관실 현황조사서 제출	
2007.02.26	압류권자 서울특별시도봉구 교부청구 제출	
2007.03.02	가등기권자 노■분 채권계산서 제출	
2007.03.27	압류권자 서울특별시도봉구 교부청구 제출	
2007.05.25	채권자 주식회사 우리은행 예납금환부신청 제출	
2007.05.25	채권자 주식회사 우리은행 소취하서 제출	

▌송달내역

송달일	송달내역	송달결과
2006.12.08	최고관서 서울시 도봉구청장 최고서 발송	2006.12.08 도달
2006.12.08	압류권자 도봉구 최고서 발송	2006.12.08 도달
2006.12.08	압류권자 서울특별시도봉구 최고서 발송	2006.12.08 도달
2006.12.08	가등기권자 노■분 최고서 발송	2006.12.08 도달
2006.12.08	채권자 주식회사 우리은행 대표이사 황■기 개시결정정본 발송	
2006.12.08	채무자겸소유자 박■숙 개시결정정본 발송	
2006.12.08	등기소 도봉등기소 기입등기(촉)촉탁서 발송	2006.12.11 도달
2006.12.08	감정인 이■만 평가명령 발송	2006.12.11 도달
2007.03.08	채권자 주식회사 우리은행 대표이사 황■기 매각/매각결정기일통지서 발송	2007.03.09 도달
2007.03.08	채무자겸소유자 박■숙 매각/매각결정기일통지서 발송	2007.03.09 도달
2007.03.08	압류권자 도봉구 매각/매각결정기일통지서 발송	2007.03.09 도달
2007.03.08	압류권자 서울특별시도봉구 매각/매각결정기일통지서 발송	2007.03.09 도달
2007.03.08	가등기권자 노■분 매각/매각결정기일통지서 발송	2007.03.09 도달
2007.05.28	등기소 도봉등기소 말소등기(촉)촉탁서 발송	2007.05.30 도달

서울특별시 도봉구 방학동 618-1 부흥아파트 제3층 제303호				고유번호 1180-2003-015497
순위번호	등 기 목 적	접 수	등 기 원 인	권리자 및 기타사항
5	압류	2006년1월27일 제6012호	2006년1월26일 압류(교통행정과-2311)	권리자 서울특별시도봉구
6	임의경매개시결정	2006년12월11일 제103100호	2006년12월7일 서울북부지방법원의 경매개시 결정(2006타경34145)	채권자 주식회사우리은행 110111-0023393 서울 중구 회현동1가 203 (여신관리센터)

【 을 구 】 (소유권 이외의 권리에 관한 사항)

순위번호	등 기 목 적	접 수	등 기 원 인	권리자 및 기타사항
1	근저당권설정	2003년12월24일 제122467호	2003년12월23일 설정계약	채권최고액 금97,500,000원 채무자 최○○ 서울 도봉구 방학동 612-19 경산하이빌 나 605 근저당권자 도봉생이음금고 110044-0063201 서울 도봉구 방학동 681-18
2	근저당권설정	2004년6월29일 제54405호	2004년6월28일 설정계약	채권최고액 금96,000,000원 채무자 박○○ 서울 도봉구 방학동 618-1 부흥아파트 303호 근저당권자 주식회사우리은행 110111-0023393 서울 중구 회현동1가 203 (미아역지점)
3	1번근저당권설정등기말소	2004년7월16일 제60423호	2004년7월16일 해지	

2006타경34145

만일 이 경매부동산의 등기부등본상 채권최고액이 시세를 초과하지 않는다면 소유자와 직접 대면할 수 있는 방법을 모색하여 필히 만나봐야 한다. 통상 경매부동산을 방문하면 우체통에 여러 법률사무소와 법원, 부동산 컨설팅사무소에서 보낸 우편물이 넘쳐난다. 그러나 정작 소유자가 우편물을 수령하는 경우는 희박하다. 그래서 필자는 '직접 소유자와 대면하는 방법'을 택한다. 투자 가치가 좋은 물건에는 정성을 들여야 한다. 명도 과정을 거치면서 수없이 많은 경매부동산 소유자나 임차인, 그 외 점유인들을 만나본 경험이 있어 이들의 입장을 누구보다 잘 안다. 이런 경험이 이때 빛을 발한다.

소유자와 대면하여 대화하다 보면 금융기관 대출 연체로 인해 경매가 진행되는 경우가 대부분이다. 이러다보니 소유자가 패닉 상태에 이르러 어떻게 처리할지 고민하다가 결국 자신의 부동산을 경매로 넘기게 된 것이다. 이러한 부동산 소유자와 직접 대면하여 현재 연체된 금융기관의 전체 연체금액과 현재까지의 체납 공과금, 국세 또는 지방세까지도 모두 확인한다.(국세, 지방세, 세목별 납세증명은 주민센터에서 일괄신청이 가능) 그리고 나서 현재 부동산 시세보다 소유자가 갚아야 할 채무가 더 적다면 매매계약 체결을 하자고 제안한다. 물론 금융기관의 체납된 이자 및 연체료도 필자가 대신 납부하여 주고 경매 또한 변경, 연기, 취하한다고 하며, 대신 현재 부동산에 나와 있는 급매물보다 더 저렴한 가격에 매도할 것을 제안하는 것이다. 이러한 물건은 쉽게 매매처리하기가 곤란하고 경매 취하도 해야 하므로 일반인이 접근하기는 다소 어렵기 때문이다. 또한 이 부동산이 경매가 진행되어 낙찰된다면 소유자는 갑자기 살던 집을 내주고 다른 집을 구하여 빠른 시일 내에 이사해야하는 불편함이 생긴다. 이일 또한 얼마나 힘들고 어려운 일인가? 지칠 때로 지쳐있는 소유자는 결국 필자의 제안을 합리적으로 생각하고 받아들인다. 필자도 일반적인 부동산 시세보다 더욱 저렴하게 매수하게 해준 감사의 표시로 소유자가 이주할 부동산을 알아볼 수 있도록 충분히 시간을 주고 마지막으로 이주하는 시점에 모든 잔금을 지급하기로 하는 매매계약서를 작성한다.

이를 통하여 필자는 현재 나와 있는 급매물보다 더욱 저렴하게 부동산을 취득하여 소유자가 이주 준비를 하는 기간 동안 매매의뢰와 매매활동을 할 수 있으며 소유자는 제 3자의 경매 낙찰로 인해 급하게 쫓겨나가지 않고 여유를 갖고 이주하게 되므로 서로에게 유익하다. 이렇게 경매도 취하되고 소유자도 편하게 이주하는 과정에서 경매당한 소유자와 좋은 인연이 되는 경우도 있으며 그들이 새로운 곳에 정착할 수 있도록 좋은 부동산 취득에도 조언을 주기도 한다.

단 이렇게 경매로 진행되는 경매부동산의 경우 초보자는 조심해야 한다. 경매취하 과정과 소유자가 연체한 채권자의 연체금을 대신 납부하는 과정에 여러 가지 까다로운 절차들이 있기 때문에 여러 가지 안전장치를 한 후 진행해야 한다. 최악의 경우 경매 당한 소유자가 약속한 날짜에 이주하지 않고 돌변하는 경우도 있다. 이런 경우 별도의 소송을 해야 하는 사태도 발생한다. 반드시 철저한 안전장치를 해야 한다는 것을 잊지 말자.

> 3대가
> 잘사는
> Secret 2

대법원 법원경매정보 이용은 어떻게?

대법원 법원경매정보 사이트에서 제공되는 서비스에는 돈 되는 유용한 정보가 가득하다.

1. 상세한 물건 정보와 사건 정보제공

감정평가액, 최저매각가격, 유찰횟수, 사진, 현황조사서, 물건명세서, 감정평가서 등 부동산, 동산물건에 관한 정보를 상세히 제공한다.

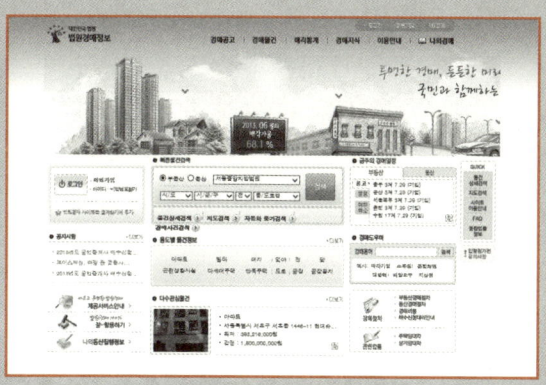

2. 다양한 물건검색 기능

관할법원, 소재지, 용도, 감정평가액, 최저매가가격, 면적, 입찰방식, 유찰횟수 등의 일반 조건은 물론, 유치권/법정지상권 등의 특이사항으로도 부동산, 동산 물건을 상세히 검색할 수 있다.

관련메뉴 물건상세검색, 기일별검색, 자동차 중기검색

물건상세검색

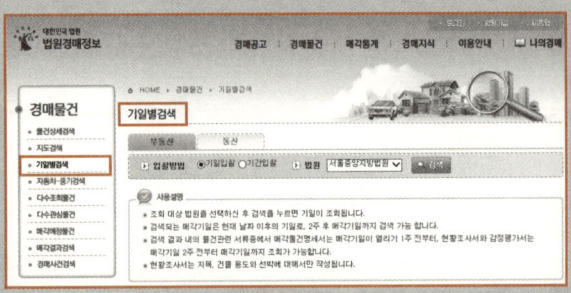

기일별검색

3. 지도를 이용한 물건검색

지도검색을 활용하여 물건의 주소와 명칭, 관할법원, 사건번호, 용도, 최저매각가격들을 조건으로 물건을 검색해 볼 수 있다. 그리고 선택한 지역에서 인근진행물건, 인근매각물건 정보도 제공받을 수 있다.

관련메뉴 지도검색

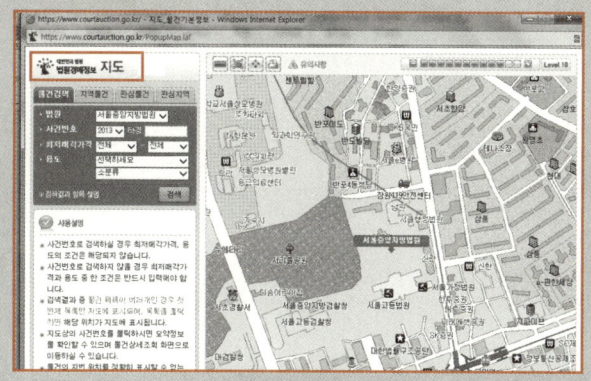

지도검색

4. 사용자의 관심을 반영한 물건정보 제공

조회수가 많은 물건과 사용자가 관심물건으로 많이 등록한 물건정보를 제공하여 경매 참여 시 참조할 수 있도록 하고 있다.

관련메뉴 다수조회물건, 다수관심물건

다수조회물건

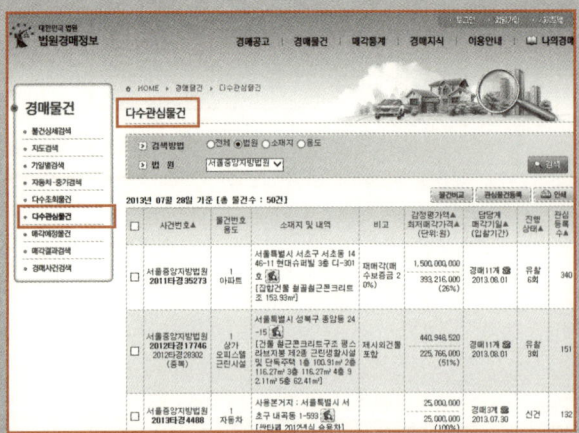

다수관심물건

5. 매각결과를 통계와 그래프로 제공

법원별, 연도별, 지역별, 물건의 용도별 매각결과를 표와 그래프로 제공하여 경매결과에 대한 투명한 정보를 얻을 수 있다.

6. 누구에게나 무상으로 똑같은 정보 제공

회원가입과 상관없이 누구에게나 똑같은 정보를 무상으로 제공한다. 단, 회원으로 가입하는 경우 관심물건을 등록하거나 일정관리 등의 개인화 기능을 통해 사이트를 편리하게 이용할 수 있다.

대법원 법원경매정보 홈페이지 이용방법 발췌

공동투자를 통해
억대연봉에 도전하라

경매물건은 매일 쏟아진다고 해도 과언이 아니다. 그만큼 세상 살기가 팍팍하고 어렵다는 것을 입증하는 것이고 매일 망하고 흥하는 사람들이 많다는 것을 증명한다. '사업을 하다가 위기를 맞으면 정말로 고독하다. 누구와도 함께 할 수 없기에 사장은 외롭고, 그래서 지치고 쓰러진다'라는 책의 문구가 마음에 꽂혔다. 위기 상황은 힘들다. 혼자이기에 더 고독하다. 지금 어려운 상황에 처해 있는가? 돌파구를 찾아보자. 그런 의미에서 재기를 노린다면 부동산 경매와 공매에 관심을 가져보자. 주식이나 선물보다는 안전하다는 것이 확인되었고 큰 욕심만 부리지 않는다면 충분한 수익은 보장된다. 앞서 이야기했듯이 경매 부동산의 경우 여러 우량 물건들이 널려 있으며 가격 또한 시세대로 사는 것이 아니라 내가 한 현장조사를 기준으로 내가 산정할 수 있으니 얼마나 매력적인가? 부동산 경매로 수익을 올리다 보면 여러 종류의 좋은 물건을 선별하는 것이 점점 쉬워진다. 그만큼 경매물건을 선택하는 것이 수월해지고 수익을 얻는 부동산에 대한 경험적 지식이 있기 때문에 언제든지 유사한 물건을 선정할 수 있다.

내가 가진 현금에는 분명한 한계가 있다

그러나 정말 안타까운 현실은 내가 가지고 있는 현금에는 분명한 한계가 있다는 것이다. 좋은 물건이 있는데도 불구하고 현금의 한계 때문에 낙찰받을 수 없는 안타까운 현실에 직면하기도 한다. 이럴 때는 해당 경매 물건에 대해 미리 현장조사를 마친 후 주위에 믿을 수 있는 친지나 친구들의 인맥을 최대한 활용한다. 아직도 시중에는 떠도는 돈이 많다. 수익을 낼 수 있는 확실한 투자처를 찾고 있는 사람들이 많다. 그런 대상자들을 주위에서 찾아라. 분명 있을 것이다. 그런 대상자들을 선별하였다면 그들에게 현장조사 한 물건을 충분히 설명하고 그들과 함께 해당 물건 현장조사를 다시 한 번 한다. 더불어 주위 부동산의 시세도 함께 파악한다. 그렇게 현장조사가 종료되면 얼마에 낙찰받아 얼마에 매도하여 얼마의 시세 차익을 볼 수 있는지에 대한 분명한 답이 나온다. 그들은 부동산을 실제로 확인하였고 수익성도 명확하므로 투자 제안을 마다할 이유가 없다. 투자를 서슴지 않는다. 그 후에는 그 투자자의 투자금 대비 수익에 대한 비율만 정확히 배분하면 된다.

이 얼마나 좋은 방법인가? 나는 타인의 자금을 활용하여 투자 수익을 기대할 수 있고 투자자 역시 손실에 대한 위험 부담은 줄이고 수익을 기대할 수 있으니 누이 좋고 매부 좋은 격이 아닌가. 또한 든든한 현금 투자 인맥이 형성되므로 동반자를 얻는 일석이조의 효과를 얻을 수 있다. 내가 보유하고 있는 현금의 한계에도 불구하고 여러 물건을 통해 수익을 얻으니 얼마나 행복한 일인가? 투자한 현금 인맥 주변에는 또 다른 현금 보유 투자자가 있을 가능성이 높다. 그 인맥 또한 부동산 경매에 투자하여 경제적인 수익이 발생된다면 또 하나의 좋은 인맥이 형성 될 것이다.

이때 반드시 주의할 점은 이들 투자자와 절대 불협화음이 생기지 않도록 세심한 배려를 해야 한다. 돈 앞에서는 그 누구라도 욕심이 앞서기 때문에 불협화음이 생기면 서로 으르렁거리는 원수지간이 될 수 있음을 명심해야 한다. 이런 경우를 대비해서 사전에 서로 협정서를 작성하는 등 약속을 담보할 수 있는 장치가 필요하다. 투자자들이 나를 믿고 투자했으므로 해당 물건도 내 물건 같이 신경 써야 하고, 모든 과정을 투명하게 진행해야하며, 끝까지 최선을 다해야한다.

투자자와
공동 투자하라

필자의 경우 다양한 좋은 인맥이 많아 이들과 의기투합하여 성공한 사례들이 많다. 이렇게 내가 가진 현금만으로 부족할 때에 타인의 능력이나 재력을 빌어 함께 투자를 모색한다면 내가 낙찰받은 물건을 통한 수익과 더불어 좋은 인맥과의 공동 투자를 통한 수익까지 발생하여 억대연봉도 충분히 가능하다. 다음 물건은 지인과 함께 경매부동산을 낙찰받아 수익을 창출한 사례이다.

이사 전 부동산(2003타경25493)은 성북구 돈암동에 위치한 대단위 아파트이다. 서울중앙법원에 이 지역의 아파트들이 자주 입찰에 붙여지기도 한다. 상대적으로 세대가 많은 단지이기 때문인 것 같다. 필자가 낙찰받은 이 물건은 일반인이 선호하지 않는 1층이라는 약점이 있고 50평 대형 평수였기 때문에 매수인이 상대적으로 적었다. 현장조사 결과 아파트 관리비도 많이 체납된 물건이었다. 관리비가 많이 연체되어 있어 명도에 어려움이 예상되었다. 낙찰받은 후 명도 과정에서 이사 비용과 더불어 관리비 정산이 원만하게 합의되지 않으면 강제집행 비용 및 강제집행 실시 후 소유자가 연체한 관리비 정산 비용을 고스란히 낙찰자가 부담해야 되기 때문이다. 하지만 체납 관리비도 관리소와 원만하게 합리적인 선에서 해결하였고 여러

음에도 불구하고 낙찰받아 성공적인 수익을 올렸다.

소 재 지	서울 성북구 돈암동 609-1번지 한신 104동 1층 102호		도로명주소	
경 매 구 분	임의(기일)	채 권 자	국민은행	낙 찰 일 시	04.05.12 (종결:04.07.26)
용 도	아파트	채무/소유자	이■훈	낙 찰 가 격	302,650,000
감 정 가	390,000,000	청 구 액	306,000,000	경매개시일	03.09.09
최 저 가	249,600,000 (64%)	토지총면적	0 m² (0평)	배당종기일	03.12.31
입찰보증금	10% (24,960,000)	건물총면적	132.96 m² (40.22평)	조 회 수 조회통계	금일1 공고후7 누적507

우편번호및주소/감정서	물건번호/면 적(m²)	감정가/최저가/과정	임차조사	등기권리
136-060 서울 성북구 돈암동 609-1번지 한신 104동 1층 102호 ●감정평가서정리 -일반주거지역 -철근콘크리트조슬래브(평) -대지권유무불분명 -삼선중학교북동측인근 -남서측한성대입구역, -남동측성신여대입구역및아파트 -단지내버스운행 -중앙난방 -도시지역,재개발구역 -일반주거지역세분변경입안 감정평가액 대지:117,000,000원 건물:273,000,000원 03.09.13 유진감정	물건번호: 단독물건 대지권없음 건물 132.96 (40.22평) (50평형) 방4,옥실겸화장실2 20층-99.07.27보존 동남향,계단식	감정가 390,000,000 ·대지 117,000,000 (30%) ·건물 273,000,000 (70%) (평당 6,787,668) 최저가 249,600,000 (64.0%) ●경매진행과정 390,000,000 ① 유찰 2004-02-25 20%↓ 312,000,000 ② 유찰 2004-03-31 20%↓ 249,600,000 ③ 낙찰 2004-05-12 302,650,000 (77.6%) -응찰: 10명 -낙찰자:민■이 허가 2004-05-19 종결 2004-07-26		소유권 이■훈 2000.12.01 저당권 국민은행 혜화동 2000.12.01 336,000,000 가압류 신용보증기금 강동 2002.11.06 42,500,000 이 전 신용보증기금 강동 2003.08.12 30,000,000 (국민은행에서이전) 임 의 국민은행 남부엔피엘관리센터 2003.09.16 *청구액:306,000,000 압 류 성북구 2003.12.30 가압류 삼성생명보험 2004.01.03

2003타경25493

대형 아파트의 경우 매도하여 수익을 올리려고 생각한다면 현장조사가 필히 수반되어야만 한다. 대형 평수의 아파트이며 상대적으로 열악한 저층 중에서도 1층은 매수인이 드문 편이기 때문에 1층을 선호하는 매수인(남자 아이들이 마구 뛰어 놀 수 있는 가정, 어린이집 운영자, 나이가 지긋하신 분들)이 대기하는 경우와 부동산의 매물이 아예

영자, 나이가 지긋하신 분들)이 대기하는 경우와 부동산의 매물이 아예 자취를 감추거나 희귀한 경우 또는 일반적인 매물보다도 가격이 매우 낮게 나온 경우를 제외하고서는 쉽게 매매가 이루어지지 않는다. 이러한 경우는 현장감각과 현장조사 등이 우선이 된다. 이 경매물건 역시 철저한 부동산 현장조사를 실시하여 단기매도 한 물건이다. 아파트 저층의 경우는 낙찰가격이 다소 낮은 경우가 있으니 참고하길 바란다.

이와 같이 하나의 물건을 낙찰받아 매도하여 수익을 올렸다고 가정해보자. 현금이 충분히 있어서 이러한 경매 부동산을 다수 낙찰받아 수익을 올린다면 수익이 배가 되지 않겠는가? 여러 개의 물건을 낙찰받아 진행하다 보면 더 큰 수익성을 기대 할 수 있다.

필자는 이러한 과정을 거치면서 경매 부동산 물건 중에서 일반인이 잘 응찰하지 않는 물건들과 응찰자들이 다수가 있어서 기대치가 낮은 물건들까지 선별할 수 있게 되었다. 현재도 마찬가지로 경매와 대출에 관련된 일을 하고 있어서 여러 경로를 통하여 어떤 지역이 투자처로써 유망한지 단기매도는 어떤 지역이 잘 되는지도 살펴볼 수 있는 기회가 많다.

이 돈암동 물건은 필자가 직접 투자하여 낙찰받은 물건을 장, 단기 매도하면서 수익을 올릴 때를 즈음해서 아는 지인으로부터 투자 제안을 받았다. 지인이 현금을 투자하고 필자는 낙찰받은 부동산을 담보로 금융기관의 경락잔금대출을 받아서 최종적으로 명도의 과정과 낙찰받은 경매부동산의 처분, 양도세 처리까지 위임받아 처리하고 발생한 수익에 대하여 서로 분배하는 형식으로 공동 투자를 진행하였다. 경매 전문가로서 필자는 현장에서 일어나는 모든 업무를 담당하여 수익 부분의 투명성 확보를 위해 모든 영수증을 첨부하여 서로 확인할 수 있게 처리하였다.

다음(2002타경6180)은 서울 강북구 수유동에 소재한 아파트이다. 위치적으로 그렇게 우수한 조건은 아니었지만 삼성이라는 브랜드가 있고 현금 보유에 여유가 있는 사람들의 구매 가능성이 높은 물건이었다. 그러나 대형 평수인데다 삼성건설에서 유치권 신고까지 되어있는 약점이 있었다. 이 물건에 대한 현장조사 과정에서 유치권 신고에 대한 정황이 포착되지 않았기에 응찰하여 저렴한 가격에 낙찰받아 잔금을 납부하여 소유권을 취득하였다.

그 후 삼성건설의 유치권과 관련하여 별도의 소송을 제기하기 전에 삼성건설 직원들과 여러 차례 충돌을 빚으며 쌍방이 경찰서를 드나드는 악순환도 벌어진 사건이었다. 일개 개인과 대형 건설사와의 싸움으로 필자는 한 치의 양보도 할 수 없는 위급한 상황이었다. 점유자의 신분과 정황을 파악하기 위해 엄동설한 한겨울에 낙찰받은 건물 반대편에서 망원경을 들고 여러 날 잠복하기도 하고 몸싸움까

소 재 지	서울 강북구 수유동 730,-2,-3 삼성105동301호 도로명주소				
경매구분	임의(기일)	채 권 자	외환은행	낙 찰 일 시	02.11.27 (종결:03.01.28)
용 도	아파트	채무/소유자	청안공사/신○영	낙 찰 가 격	288,700,000
감 정 가	320,000,000	청 구 액	26,751,568	경매개시일	02.04.11
최 저 가	256,000,000 (80%)	토지총면적	52.88 m² (16평)	배당종기일	
입찰보증금	응찰가의 10%	건물총면적	114.78 m² (34.72평)	조 회 수 조회통계	금일1 공고후4 누적225
주의사항	·유치권				

2002타경6180

지 벌이긴 했지만 결국 원만하게 해결되어 필자가 원하던 데로 소유권을 행사할 수 있었다. 그러나 유치권에 기하여 여러 차례 경찰서를 들락거리고 상대방과 몸싸움까지 가는 과정을 거치는 동안 매매 타이밍(겨울방학기간)을 놓쳐 버렸다. 안타깝게도 희망하는 가격에 매도는 못했지만 봄방학 기간에 매도할 수 있었다. 역시 경매의 관건은 빠른 명도이다. 대형 건설사와의 유치권 분쟁은 고독하고 처절했다. 그러나 나를 믿고 투자하고 끝까지 함께해준 지인들이 있어서 좋은 결과를 얻을 수 있었다. 내가 현금이 부족한 상황에서 좋은 경매, 공매 물건들이 있다면 타인의 투자를 통해 반사이익을 노릴 수 있음을 명심하자.

다시 한 번 강조하지만 상대방이 투자 가능한 정확한 금액과 수익 배분에 대해 충분하고 정확한 논의가 우선시 되어야 한다.

어렵다 생각하는 물건이 큰돈 된다

일반적인 경매물건도 수익을 기대할 수 있지만 흠결사항이 있거나 일반인들이 쉽게 접근 할 수 없는 물건에 투자하여 좋은 수익을 얻는 경우도 있다. 이런 물건은 효도물건이며 우량물건이다. 유치권 신고가 되어 있는 물건, 애매모호한 선순위 임차인이 점유하고 있는 물건과 가등기, 예고등기, 법정지상권 등이 있는 물건들은 어렵고 까다로운 물건이지만 민사집행법과 민법을 잘 조합하여 보면 의외로 큰 수익을 기대할 수 있다. 실제로 이러한 물건들은 단기매도 하여도 큰 수익을 얻을 수 있고 장기 보유하기에도 좋은 투자 물건이 된다.

　그러나 절대 쉽게 얻을 수는 없다. 철저한 권리분석과 전문적인 법률 지식이 뒷받침되어야 한다. 만약 이것이 부족하다면 비용이 발생되더라도 전문가의 조언을 구하거나 대행 의뢰를 해야 한다. 경매 고수인 필자도 간혹 잘 모르는 것은 묻고 배워서 진행한다. 경매 분야에는 1년에 단 1건만 낙찰받아 몇 년을 먹고 사는 숨은 고수들이 있다. 지식과 실력이 부족하면 반드시 전문가의 조언을 받고 투자해야 한다.

경매고수가 노리는 물건이 있다

　다음 사건(2004타경1844)은 시간이 조금 지나긴했지만 그 당시에는 아무나 접근할 수 없는 물건으로 몇 차례 낙찰받았다가 잔금을 치르지 못한 물건이다. 추후 이 물건을 낙찰받은 후 이해관계인으로서 법원을 방문해 물건명세서를 열람하여 이전 낙찰자(낙찰을 받았으나 인수권리 금전을 대위변제하여야 하는 권리 로 인한 두려움으로 입찰 보증금을 포기하고 잔금을 지급하지 못한 매수인)들에게 낙찰 포기 이유를 전화로 물어 보았다. 그들이 대답은 하나같이 동일했다. 경매 진행된 이 물건에 대한 정확한 권리분석 없이 입찰에 참여하여 임차인의 임차금 전액을 대신 물어줘야 하는 인수권리인지 제대로 몰랐다는 것이다. 정말 대한민국에 돈 많은 사람들이 많다. 그렇게 쉽게 응찰하는 이들도 대단한 강심장이다. 필자는 낙찰을 받고 잔금을 지급하지 못하는 낙찰자들을 수없이 봐왔다. 한 번 유찰된 물건은 다시 경매에 붙여지고 이때 보증금은 감정가의 20%라는 조건이 붙는다.

좀 더 상세하게 이 물건을 살펴보도록 하자. 리스크가 있는 물건이지만 잘만하면 대기업 차장 1년 연봉을 한순간에 벌수 있는 좋은 물건이다. 이 지역이 재건축으로 지정되어 가격이 급등하고 있었으며 부동산 물건은 품귀 현상을 빚고 있었고 나와 있는 매물도 자취를 감춘 지 오래된 상황이었다. 아예 매매물건 자체가 전혀 없었다. 이런 상황에서 이 물건은 새로운 희망이었다. 감정가는 9천만 원이었지만 당시 시세는 감정가를 훨씬 초월하여 부르기만 하면 가격이 될 정도였다. 두 번의 유찰을 거쳐 65,230,000원에 처음 낙찰되었으나 낙찰자가 잔금을 지급하지 못하였다. 이렇게 유찰된 후 2명이 다시 응찰하여 50,170,000원에 낙찰되었으나 또 잔금을 지급하지 못하였다. 이렇게 또 유찰되어 감정가의 절반가격인 45,385,000원에 낙찰되었으나 낙찰자는 결국 잔금을 지급하지 못하였다. 이 물건에 대한 소문이 돌고 돈 후 숨은 경매고수 3명이 참여하여 51,125,000원에 낙찰되었고 마침내 잔금을 납부하게 되었다. 경매고수들이 아주 좋아하는 사냥감이다. 경매고수들은 이처럼 여러 차

우편번호및주소/감정서	물건번호/면 적(㎡)	감정가/최저가/과정	입차조사	등기권리
142-070 서울 강북구 수유동 573-3번지 명주빌리지 나동 3층 301호 ●감정평가서정리 - 철근콘크리트조슬래브(평) - 통칭:남경빌리지 - 4.19국립묘지동측인근 - 다세대및단독주택등혼재 - 차량출입가능,동측간선도로버스운행 - 도시가스난방 - 1종일반주거지역 - 최고고도지구(5층,18m이하) 감정평가액 대지:36,000,000원 건물:54,000,000원 04.02.12 한국감정	물건번호: 단독물건 대지 33.472/129 (10평) 건물 59.4 (17.97평) (22.3평형) 방3 북향 5층-02.09.06보존 보증금확인바랍니다.	감정가 90,000,000 · 대지 36,000,000 (40%) (평당 3,557,312) · 건물 54,000,000 (60%) (평당 3,005,008) 최저가 36,864,000 (41.0%) ●경매진행과정 ① 유찰 90,000,000 2004-06-07 20%↓ ② 유찰 72,000,000 2004-07-05 20%↓ ③ 낙찰 57,600,000 2004-08-09 65,230,000 (72.5%) - 응찰 : 1명 허가 2004-08-16 ③ 유찰 57,600,000 2004-11-08 20%↓ ④ 낙찰 46,080,000 2004-12-06 50,170,000 (55.7%) - 응찰 : 2명 - 낙찰자:조용화 허가 2004-12-13 ④ 유찰 46,080,000 2005-02-14 20%↓ ⑤ 낙찰 36,864,000 2005-03-14 45,385,000 (50.4%) - 응찰 : 4명 - 낙찰자:장숙희 허가 2005-03-21 ⑤ 낙찰 36,864,000 2005-05-16 51,125,000 (56.8%) - 응찰 : 3명 - 낙찰자:홍창현 허가 2005-05-23 종결 2005-07-19	●법원임차조사 김●원 전입 2002.09.07 (전소유자로주민등록만퇴거되지않은것) 안●여 전입 2003.06.09 (보) 70,000,000 총보증금:70,000,000 ●지지옥션세대조사 세 02.09.07 김●원 세 03.06.09 안●여 주민센터확인:2004.06.19	저당권 서울은행 명륜동 2002.09.09 78,000,000 소유권 김●정 2002.09.09 전소유자:김선덕외2 가압류 기술신용보증 강남 2003.04.08 238,000,000 압 류 강북구 2003.04.21 임 의 하나은행 채권관리팀 2004.01.29 *청구액:67,483,809원 등기부채권총액 316,000,000원 열람일자 : 2004.05.21

2004타경1844

례 유찰되거나 문제가 있는 물건을 유유히 관찰하다가 덥석 물어 버린다.

철저한 권리분석에
답이 있다

앞에서 말한 수유동 573-8번지 (2004타경1844)의 경우 경매가 진행되어 여러 번 낙찰되었음에도 불구하고 잔금을 치루지 못하고 입찰보증금만 날린 상태의 물건이다. 일반인이 응찰하기 쉬운 물건은 절대 아니다. 이 물건에 대하여 부지런히 발품을 팔며 현장조사를 꼼꼼하게 실시하였으나 혼자의 힘으로 부족하여 친구에게 도움을 청했다.

이 사건의 경우 최초말소기준권리(2002년 9월 9일 서울은행 명륜동지점 근저당권 설정일)보다 더 빠르게 전입된 김○원이 있었다. 필자는 이 사건의 경매 부동산에서 민법과 민사집행법을 토대로 하여 최초근저당설정시 보다 먼저 전입된 대항력 있는 전입자 김○원이 가장(위장)임차인이며 무상거주 임차인임을 확신하여 응찰하여 낙찰받았다.

낙찰받은 이후 이 물건의 점유자를 만나러 여러 차례 방문을 시도하였으나 문을 잠그고 대면하기를 거부하였다. 결국 잔금을 납부한 이후에야 진정한 소유자로서 저녁시간에 여러 차례 방문하여 점유자인 안○여를 만날 수 있었다. 일단은 공손하게 접근하여 실마리를 풀려는 나에게 안○여는 최초근저당설정시 보다 먼저 전입된 김○원이 자신의 남편이며 임차금 전액인 7천만 원을 변제하지 않으면 절대 집을 비워줄 수 없고 오히려 손해배상 청구를 하겠다고 협박하였다. 대화로 해결이 안 되는 상황이었다. 김O원이 가장(위장)임차인 이라는것을 확신하고 낙찰받았기 때문에 어느 정도의 이주비용 지급도 염두에 두고 명도하려고 하였으나 상황이 여의치 않게 된 것이다.

할 수 없이 오랜 시간동안 김O원의 직장과 소재를 여러 경로를 통해 재확인하고 증거를 수집하며 명도소송을 동시에 진행한 결과 소유자인 김O정과 김O원이 남매지간이며 김O정이 부동산 매입 과정 중 김O원과 함께 거주한 사실이 입증되었고 또한 이들 사이에 정당한 임대차계약이나 계약금 및 잔금 지급이 제대로 이루어지지 않았다는 것이 증명되면서 승소판결을 받아냈다. 결국 선순위로서 대항력 행사할 수 있는 임차인인 김O원이 주장하는 임차금 7천만원을 변제하지 않고 명도소송 판결문을 근거로 인하여 새벽조조강제집행을 진행하여 마무리할 수 있었다. 이후 이 사건의 경험을 토대로 선순위 가장(위장)임차인이 점유하고 있는 물건에 여러 차례 도전하여 충분한 수익을 올릴 수 있게 되었다.

"일반인이 접근하기 어려운 물건에 도전하라!"
꼼꼼한 현장조사 및 권리분석을 통해
남과 다른 수익을 올려라.

> 3대가
> 잘사는
> Secret 3

관련 홈페이지와 친해지자!

1. 대법원 법원경매정보(http://www.courtauction.go.kr)

대법원 법원경매정보는 채무자가 약속한 날짜까지 채무를 상환하지 못하여 압류된 부동산 경매물건을 검색해 볼 수 있는 홈페이지로 매각이 진행되는 모든 경매사건을 확인할 수 있다.

2. 온비드(www.onbid.co.kr)

온비드는 입찰문건 정보검색, 입찰참가, 입찰진행, 계약체결 등 입찰절차 전과정을 쉽고 편리하게 처리할 수 있도록 구성해 놓은 홈페이지로 공매물건 확인 후 입찰진행시 유용하다.

3. 대법원 인터넷등기소(http://www.iros.go.kr)

대법원 인터넷 등기소는 등기부등본을 확인할 수 있어 경매를 진행하고자 하는 부동산의 권리관계를 파악하여 보다 정확한 권리분석을 진행할 수 있다.

4. 국토교통부 실거래가(http://rt.molit.go.kr)

국토교통부 실거래가에서는 주택의 거래 내역과 실거래가를 아파트, 다세대/연립, 단독/다가구로 구분하여 지역별, 금액별, 면적별로 확인할 수 있다.

5. 국민은행 KB 시세

국민은행 KB 시세는 국민은행 부동산 시세를 확인하는 곳으로 대부분의 사람들이 집값의 기준을 잡는 곳이며 부동산담보대출시에도 KB부동산시세를 기준으로 진행한다.

6. 한국토지정보시스템(http://klis.seoul.go.kr)

한국토지정보시스템은 민원, 부동산정보, 주택공시 가격 등 많은 정보 및 민원서류를 한군데서 처리할 수 있도록 구성되어있으며 서울, 경기도, 강원도 등 지자체별로 사이트가 구축되어 있다.

7. 서울부동산정보광장(http://land.seoul.go.kr)

서울부동산정보광장은 서울시 소재의 부동산 정보들을 GIS 기반의 위치정보를 포함한 기본정보, 가격정보, 개발정보 및 맞춤형 정보 등으로 세분화하여 제공하는 사이트이다.

8. 클린업시스템(http://cleanup.seoul.go.kr/)

클린업시스템은 재개발, 재건축 등 정비사업의 추진과정을 투명하게 공개하기 위하여 서울시에서 구축한 홈페이지이다. 서울시에서 운영하는 통합페이지와 정비사업을 추진하고 있는 추진위원회/조합에서 운영하는 〈추진위원회/조합 홈페이지〉로 구성되어 있어 추진위원회/조합에서 공개하는 정보에 통일성을 제공하고, 실질적인 정보를 공개하여 시민 중심의 정비사업이 될 수 있도록 지원하고 있다.

9. 서울도시계획포털(http://urban.seoul.go.kr)

서울도시계획포털에서는 도시관리계획, 지구단위계획, 경관계획, 도시계획관련사업 등 서울시에서 추진중이거나 계획중인 모든 도시계획에 대한 정보를 확인 할 수 있다.

10. 민원24(www.minwon.go.kr)

민원24에서는 건축물대장을 무료로 발급받아 주소, 건물명칭, 층, 구조, 용도, 전체구조, 면적, 소유자 내역 등 부동산에 대한 사실관계를 확인 할 수 있다.

3대가 잘살려면 **부부가 함께 고민하라**

　백지장도 맞들면 낫다. 고민도 함께 나누면 가벼워진다. 우리는 여러 가지 스트레스에 노출되어 있고 이를 해결하기 위해 산이나 강, 바다로 여행을 가기도 한다. 그러나 정작 사람을 힘들게 하는 것은 사람이다. 누가 되었든지 간에 사람과 함께 아침을 맞고 하루를 보내며 밤을 맞이한다. 그러한 관계 속에서 받는 가장 큰 스트레스 중의 하나는 역시 경제적인 부분일 것이다. 특히 재테크를 하며 손실을 보거나 실패했을 경우의 스트레스는 간혹 감당키 어려울 때가 있다. 필자도 주식을 비롯한 다양한 재테크를 해보았지만 여러 가지 시행착오를 거치면서 부동산만한 것이 없다는 걸 깨달았다. 그 이유 중 하나는 부동산의 가격이 하락했다가 상승하는 성향이 있다는 것이다. 부동산에도 여러 종별이 있다. 대한민국에 가장 많은 점유율을 가진 아파트를 비롯하여 일반서민이 거주하는 빌라, 다세대주택, 연립, 일반주택, 다가구주택과 오피스텔, 토지, 축사, 공장 등 참 다양하다.

정부가 주식과 같은 재테크 방식에는 내부거래자 이외에 깊이 손을 못 대고 있다. 그래서 주식은 정말 위험하다. 단적으로 노원구에 안철수 후보자가 등장하니 안철수 후보자와 관련된 주식이 상한가를 친다거나 북한의 해킹이 시작되면 안철수 후보의 회사 주식이 상한가를 치는 것이 그 예이다. 광우병이 발생하면 생선 쪽 주식이나 어묵 쪽의 주식이 상승한다. 이해하기 쉽지 않다. 물론 이 방면의 고수들은 무수히 많지만 아직 재테크 방법으로 두려운 대상이기도하며 필자가 수없이 낙찰받아 명도 과정을 거친 건물주들의 대다수가 과도한 투기와 주식투자 등의 실패가 그 원인이었기 때문이다. 놀랍게도 주식투자 실패로 자신의 부동산을 경매처분으로 날리는 분들이 한결같이 장담하는 말이 있다. 조금만 더 돈이 있으면 주식으로 만회할 수 있다고. 나는 참 이 말이 이해가 안된다. 누구와 상의도 없이 특히 배우자와 상의도 없이 혼자 주식에 투자하여 가산을 탕진한다는 것이 얼마나 무모한 일인가? 결국 자신의 생각과 판단이 가정불화를 자초한 것이다. 그런 의미에서 부동산은 안전한 재테크 중의 하나가 아닐까 한다.

자, 그렇다면 부동산, 그 중에서도 경매부동산이나 공매부동산이 왜 안전한가? 앞서 이야기했듯이 부동산은 올랐다 내렸다를 주기적으로 반복하기 때문이다. 부동산이 침체되면 정부의 세 수익이 걷히지 않아 재정난에 허덕이게 된다. 그러면 정부는 세 수익과 국가 전반의 여러 경제 현황들이 조화를 이루고 소통하게 하기 위하여 부동산을 활성화시켜야 한다. 현재 여당과 야당이 부동산 활성화 대책으로 골머리를 썩고 있다는 증거들이 연일 TV와 신문, 기타 매스컴을 통해 속속 나타나고 있지 않은가? 결국 부동산이 활성화되어야 소비가 살아난다. 그리고 소비가 살아나야 경제가 살아난다. 그래서 부동산이 올랐다 내렸다를 반복하는 것이다. 그 중에서도 경매나 공매로 취득한 부동산은 저가에 낙찰받았기 때문에 부동산이 하락한다 하여도 최악의 경우 현상 유지는 한다는 결론이 나온다.

현장조사 내용은
아내(배우자)하고만 상의하라

앞서 이야기했듯이 혼자의 생각보다 여럿의 생각이 낫다. 경매 부동산 투자 목적은 다음 세 가지이다. 첫째, 단기매도를 통한 단기수익을 올릴 것이냐. 둘째, 장기매도할 것이냐. 마지막으로 보유하여 월 수익으로 전환할 것이냐이다. 이 세 가지가 경매 투자의 핵심이다. 이를 선택할 때 자신의 형편과

환경을 고려하면 된다. 이 얼마나 매력적인가?

  투자의 목적을 결정하고 나면 경매의 성패는 현장조사(임장)에 달렸다고 해도 과언이 아니다. 이때 현장조사의 결과와 의견을 어찌 남과 상의할 수 있겠는가? 부부의 현금자산을 남에게 공개하기도 찜찜할 뿐더러 어찌 내 곳간의 곡식을 다 밝힐 수 있겠는가? 경매부동산을 선정하여 현장조사한 결과치를 아내(배우자)와 '소통'하길 권유한다. 경매부동산을 바라보는 시각은 제각각이다. 그러나 부동산을 보는 안목은 여성이 더 높다. 반드시 부부가 상의하여 입찰가격을 결정하기 바란다. 남편이 모르는 일을 아내가 알 수도 있고 아내가 간과하는 부분을 남편이 체크할 수도 있다. 정말 즐거운 비명이 아닌가? 자신의 판단으로 자신이 조사한 경매부동산에 대하여 부부가 서로 상의를 한다는 것은 더 확실한 재테크 방법이다.

  오늘 부동산 조사를 하고 왔다면 입찰 가격 역시 부부가 상의하여 정하길 바란다. 소유자 또는 임차인을 명도하는 과정과 방법 또한 부부가 함께 의논하는 것이 중요하다. 그러나 낙찰받고 난 이후 명도 문제만큼은 아내에게 맡겨서는 안 된다.

"우리집 곳간을 절대 남에게 열어 보여 주지 마라"
  반드시 부부가 함께 상의하고 결정하라.

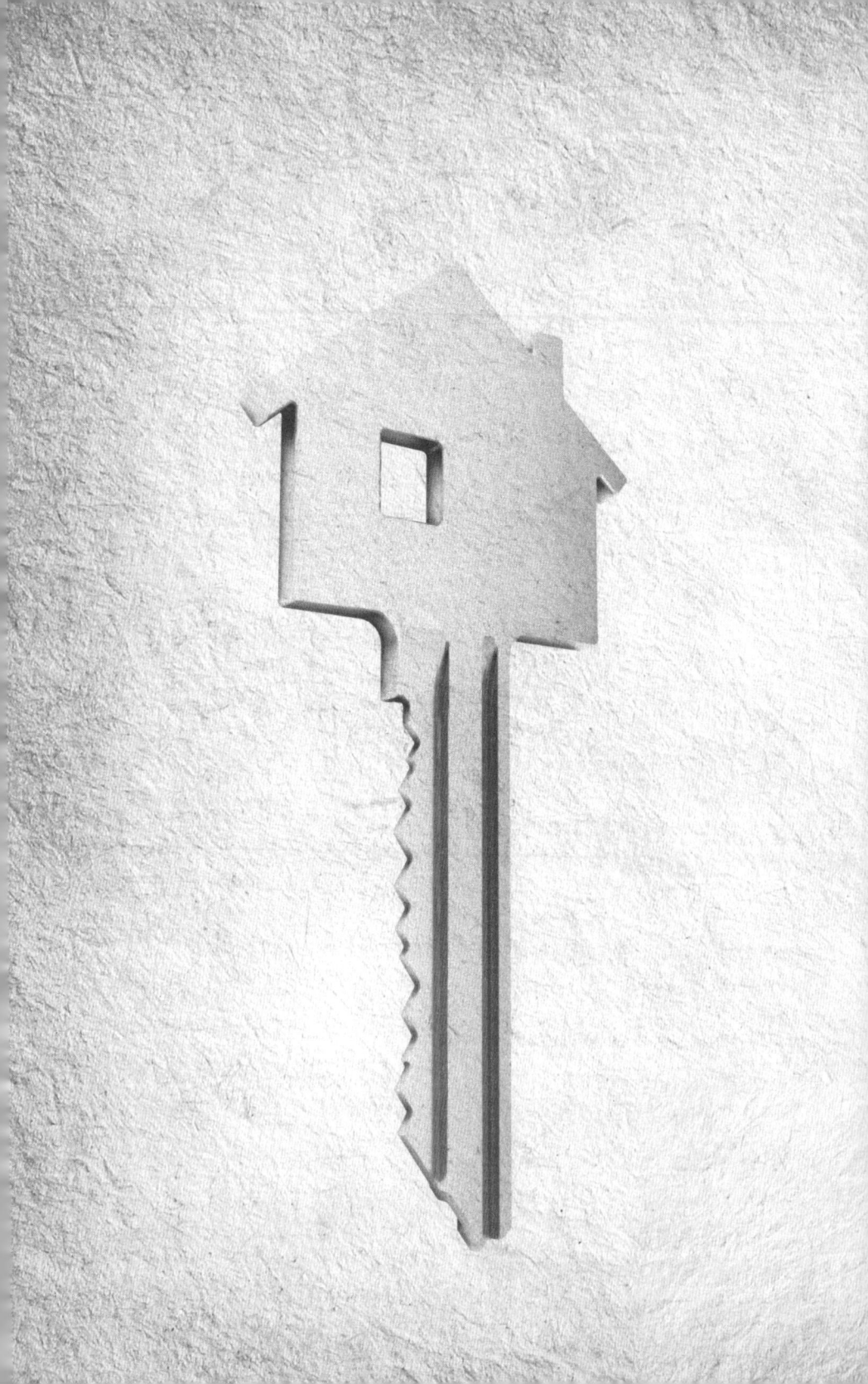

2장

경매 초보와
부자경매 고수의
차이점 8가지

3대 부자의 디딤돌,
경매 전략!

인도명령과 점유이전 가처분은 필수

　법원의 부동산경매물건(http://www.courtauction.go.kr)과 한국자산관리공사(http://www.onbid.co.kr)의 공매물건은 명도관계에 있어 약간의 차이점이 있다. 법원의 경매물건은 법원에서 보통 기일 입찰을 통해 진행하며 법원의 인도명령(낙찰자가 낙찰잔금을 최종 지급하고 난 이후 강제집행에 있어서 집행법원의 결정으로써 내리는 명령) 신청으로 해당 경매물건의 점유자(소유자 또는 임차인)를 집행관으로 하여금 명도집행 할 수 있다. 그러나 자산관리공사의 공매물건은 본인이 인증서를 신청하여 인터넷으로 입찰을 할 수 있으며, 명도의 책임이 법원의 인도명령 제도와 달리 낙찰자(매수자)에게 있다고 명시하고 있다.

　먼저 인도명령의 대상자는 점유자(소유자 또는 임차인)로 소유자이든 임차인이든 현재 점유하고 있는 사람에게 신청하여야 한다. 가끔 인도명령 제도를 확실하게 몰라서 소유자와 임차인 모두에게 하는 경우도 있다. 자칫 점유자가 아닌 자에게 인도명령을 신청하게 되면 보정 또는 인도명령을 취하해야 하는 번거로움도 발생할 수 있다.

인도명령은 반드시 점유자에게 한다

인도명령은 반드시 점유하고 있는 점유자에게만 하여야 한다. 소유자만 점유하고 있을 경우 소유자에게만 인도명령을 신청하면 되고 임차인이 임대차계약으로 인하여 전체를 점유하고 있다면 임차인에게만 인도명령 신청을 하여야 한다. 근린주택이나 다가구주택의 인도명령 신청의 경우는 어떠한 부분에 점유하고 있는지 점유 부분 도면을 첨부하여 신청하여야 한다. 인도명령을 신청하게 되면 법원은 이를 신청인(낙찰자)과 피신청인(대상자)에게 송달한다. 인도명령이 인용되게 되면 점유자를 대상으로 명도를 빠르게 진행하여야 한다. 이전에는 피신청인이 고의로 인도명령신청에 대하여 거부하는 경우가 많아서 낙찰자가 명도하는 데 있어 다소 어려움이 있었는데 최근에는 법원에서 발송송달로 결정해 주는 분위기여서 다소 명도시간을 단축할 수 있는 장점이 있다. 일단 인도명령이 인용되고 피신청인에게 송달이 완료되면 추후 집행관과 대동하여 점유해체를 예고할 수 있고 열쇠수리공을 대동하여 잠긴 문을 해체할 수도 있다.

  점유자가 소유자인 경우 특별한 사유가 없는 한 1주일이내 인도명령이 인용된다고 보면 되고 임차인에 대한 인도명령 시에는 법원의 배당기일이 지난 후 특별한 사항이 없을 경우 1주일 이내에 인도명령이 인용된다고 보면 된다.

  경매물건과 마찬가지로 공매물건도 점유자를 상대로 명도(퇴거)를 하여야 하는 부담이 있다. 점유자를 상대로 대화를 통해 풀어가는 것이 가장 좋은 방법이지만 당근과 채찍 두 가지가 동시에 필요하다. 여러 차례 강조하였듯이 명도는 섬세하면서도 상대방을 적극적으로 배려해야한다. 특히 소유자 명도는 임차인 명도보다 좀 더 까다로운 것이 사실이다. 사업 실패나 본인의 실수로 집을 잃게 되는 소유자가 점유자일 때에는 낙찰자에게 고액의 금전을 요구하는 사례가 자주 있다. 이러한 경우 대화의 실마리가 전혀 풀리지 않고 아무리 대화를 시도하여도 막무가내인 단적인 사례도 있다. 이럴 경우를 대비하여 인도명령은 필수이며, 대화로써 해결이 안 된다면 결국은 집행관과 대동하여 소유자를 압박하는 마지막 방법을 사용하여야 한다. 이는 강제집행을 예고하는 것으로 낙찰자 및 소유자 쌍방이 피해를 입게 된다. 강제집행을 하다보면 시간도 시간이지만 쌍방이 금전적 손해를 보게 된다. 집행물인 유체동산은 법원이 지정하는 익스프레스에 3개월 치 보관료를 선지불하고 보관하여야 하기 때문이다. 간혹 극한 상황까지 치닫는 경우가 있으므로 그때는 기분도 우울하고 마음도 편치 않다. 명도 역시 사람이 하는 일이므로 가급적 대화를 하여 풀어가는 것이 최선의 방법이라는 점을 꼭 명심하기 바란다. 최근에는 명도만 해주는 전문기관도 있는 것으로 알고 있다. 이 꼴 저 꼴 다 보기 싫다면 변호사 또는 법무사 등이 상주하는 전문업체 도움도 고려해 보길 권유한다. 때론 이사비용보다 강제집행 비용이 더 커질 수 있음을 감안하여야 한다.

점유이전가처분 신청도 반드시 해야 한다

인도명령을 신청하였다면 점유이전가처분(현재의 부동산 점유자가 기준일자 이후로 그 점유를 다른 사람에게 넘겨주지 못하도록 하는 방법)신청도 잊지 말자. 앞서 말했듯이 점유자와 대화로 명도를 풀려 할 때 뜻대로 되지 않을 때가 종종 있다. 이런 점을 악용하여 낙찰자에게 대항하는 이들도 적지 않다. 필자 또한 아주 오래 전 점유이전가처분을 우습게 생각하여 강제집행 시 큰 손해를 본 적이 있다. 소 잃고 외양간 고치는 격이었다. 고생을 고생대로 하고, 손해는 손해대로 본 셈이다. 낙찰 잔금처리 시 '인도명령'은 필수이며 점유이전가처분 신청도 반드시하여 안전장치를 해두어야 한다. 다소 비용이 발생하더라도 원만하고 신속한 명도와 골치 아픈 일들의 발생을 대비하여 반드시 신청하길 권한다. 만약 점유자가 명도 과정에 있어서 이주 지연 또는 명도를 악의적으로 지연시킬 수 있다는 생각이 지배적이라면 잔금 처리 후 소유권 이전을 하고 난 후에 신청해도 무방하다. 이 또한 점유자인 소유자 또는 임차인 모두에게 해당된다. 번거롭고 불편하다면 잔금지급 업무를 진행하는 법무사에게 의뢰하는 편이 시간을 단축시킬 수 있으므로 고려해볼만 하다.

다음(2004타경27019)은 경매 당한 소유자가 이해관계인으로서 입찰물건명세서를 열람한 후 낙찰자의 주소를 파악하여 수시로 낙찰자를 방문하여 터무니없이 높은 이사비용을 요구했던 사례이다.

소재지	서울 용산구 보광동 448번지 신동아 A동 6층 602호 [도로명주소]				
경매구분	임의(기일)	채권자	푸른이상호저축	낙찰일시	05.04.21 (종결:05.07.20)
용도	아파트	채무/소유자	차○석/안○용	낙찰가격	322,850,000
감정가	360,000,000	청구액	235,553,874	경매개시일	04.11.02
최저가	288,000,000 (80%)	토지총면적	33.25 m² (10.06평)	배당종기일	05.02.21
입찰보증금	10% (28,800,000)	건물총면적	84.93 m² (25.69평)	조회수 [조회통계]	금일1 공고후7 누적562

2004타경27019

명도 과정을 경매당한 소유자와 대화로 원만히 해결하려고 안간힘을 써보았지만 터무니없이 높은 이사비용 요구로 협상이 결렬되어 최후 수단인 강제집행을 실시하였다. 그런데 집행 당일 법원의 집행관과 인부들이 집행하는 과정 중에 어처구니없는 일이 발생하였다. 소유자 세대 외 임차인이라고 주장하는 이가 방 3개 중 1칸에 있는 유체동산이 본인 것이라고 주장하며 전입된 주민등록등본을 집행관에게 제출하는 것이 아닌가? 이를 확인한 집행관은 부동산 내부의 유체동산 전체를 강제집행 할 수 없다고 하여 난감했다. 결국 강제집행 도중 집행관은 소유자와의 직접 협상을 권유했다. 점유자인 전소유자는 이주비용을 추가적으로 지급해주면 전체를 자진 명도해 줄 터이니 협상하자는 것이다. 순간 아찔했다. 그러나 어찌하겠나? 그 자리에서 협상할 수밖에. 점유이전가처분 신청을 하지 않은 결과가 어처구니없는 사태를 초래한 것이다.

　명도 과정에 있어서 협의한 대략적인 이사 날짜와 이주비용 지급 각서를 무조건 신뢰해서는 안 된다. 물론 현장 상황에 따라 달리 대처해야하지만 각서대로 약속이행이 되지 않을 경우를 대비하여 가급적 점유이전가처분 신청도 할 것을 권유한다. 이때 발생한 비용은 수익률에 큰 영향을 미치지 않으므로 아까워하지 말자. 이 사건 이후로 필자는 반드시 점유이전가처분 신청을 한 후 명도과정에 들어갔다. 강제집행 당일 점유이전가처분 신청을 하지 않아서 호되게 당한 경험담이다. 소유자 점유의 경우에도 인도명령 신청은 필수이며 점유이전가처분도 가급적 신청해 두자. 향후에는 이러한 안전장치를 해두지 않아서 발생되는 일들이 더욱 증가될 것으로 예상된다.

다음(2012타경15459)은 소유자 점유가 아닌 소액임차인이 전체를 점유하고 있는 경우이다. 이러한 물건 또한 '인도명령' 신청과 더불어 '점유이전가처분' 신청도 해야 한다. 소액임차인 점유자에 대한 법원의 배당 기일은 잔금 납부 후 보통 한 달 뒤가 된다. 임차인 점유의 경우 배당기일이 지난 후 인도명령이 인용된다는 점을 염두해두자.(그 전에 임차인을 만나서 이주일자를 확정하기 바란다) 소액임차인의 경우 채권자가 배당이의를 하여 소액임차금이 법원에 공탁되게 되면 배당기일에 임차금 채권에 대하여 임차인이 배당을 받을 수 없게 된다. 이럴 경우 임차인은 이주를 해야함에도 불구하고 임차금 배당이 중지되어 어려운 처지에 놓이게 된다. 소액임차인이 점유하고 있는 경매부동산을 낙찰받게 되면 낙찰받은 이후 바로 명도의 첫 단추인 대화를 시도해도 무방하다. 임차인이 배당받기 전 이주할 집을 물색하라고 미리 권유하는 것도 좋은 방법이다.

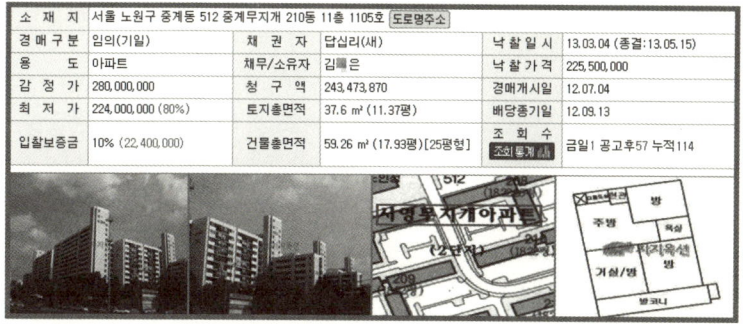

2012타경15459

부동산점유이전금지가처분신청서

신청인 장○수(590707-******)
서울특별시 도봉구 창동 ***-7

피신청인 이○경
서울특별시 종로구 평창동 ***-** 아람빌라 *동 ***호

목적물의 표시 : 별지목록 기재와 같음
목적물가액의 표시 : 금 31,360,433원
토지 : 126.59(m^2)×1,710,000(원)×$\frac{1}{3}$×$\frac{1}{3}$ = 24,052,100(원)
건물 : 65,775,000(원) (175.4m^2×375,000원)×$\frac{1}{3}$×$\frac{1}{3}$ = 7,308,333(원)

신 청 취 지

1. 피신청인들은 별지목록 기재 부동산에 대한 점유를 풀고 신청인이 위임하는 집행관에게 인도하여야 한다.
2. 피신청들은 그 점유를 제3자에게 이전하거나, 점유명의를 변경하여서는 아니 된다.
3. 집행관은 현상을 변경하지 않는 조건으로 피신청인에게 사용을 허가할 수 있다. 집행관은 위 사실을 적당한 방법으로 공시하여야 한다. 라는 재판을 구함.

신 청 이 유

1. 피신청인등이 점유사용하고 있는 건물(2005타경19669)은 신청인이 귀원으로부터 2006. 5. 4일 경락을 받아 2006.5.25일 소유권이전을 마친 신청인의 소유 건물입니다.
2. 피신청인등은 위 건물의 D동 B04호를 점유하고 있습니다.
3. 신청인은 이 사건 부동산의 소유권에 기초하여 피신청인등에게 위 건물 점유부분의 인도를 요구하여도 이를 이행치 않으므로 강제집행을 준비중인 바 만약 피신청인등이 그 점유를 다른 사람에게 이전할 경우 위 인도명령의 집행불능 될 우려가 있으므로 그 집행보전의 수 단으로 본건 신청에 이른 것입니다.

2006년 7월 11일
위 신청인 장○수   인
서울중앙지방법원 귀중

물건 선정은 최대한 많이 하라

　경매와 공매는 적은 종자돈으로 시작할 수 있는 좋은 투자 방식이다. 또한 다양한 통로로 자금을 끌어모아 대형 물건에 투자하여 충분한 단기 수익과 임대 수익을 기대할 수 있다. 이렇듯 경매와 공매로 수익을 얻을 수 있는 방법은 매우 다양하다. 그러나 이런 안목과 기술이 하루아침에 그냥 생기지는 않는다. 부부사이도 티격태격하면서 서로의 성향을 파악하고 상대방을 이해해 가듯이 경매와 공매 또한 많은 경험을 통해 지식과 안목이 쌓인다. 다양한 경험 속에서 경매가 어떻게 진행되고 어떻게 수익이 생기며 어떻게 돌발 상황에 대처할 수 있는지 알게 된다.

최대한 많은 물건을 선정하자

기왕 부동산 경매에 관심을 가졌다면 최대한 많은 물건을 선정하자. 물건 선정을 많이 하면 할수록 그만큼 많은 현장조사를 하게 된다. 이 현장조사 결과를 토대로 우량물건과 비우량물건을 선별할 수 있는 안목이 생긴다. 내가 우량물건이라고 선별한 부동산은 남도 동일하게 생각하므로 응찰자수가 많은 반면 비우량물건은 그 반대일 것이다. 그러나 단순히 응찰자수가 많다고 반드시 우량물건이라고 판단하기에는 다소 무리가 있다. 이 모든 지식과 안목은 실제적인 현장조사의 경험치와 비례함을 명심하자.

내 자금력이 기준이다

물건을 선정할 때에는 자신의 자금력을 기준으로 철저한 계획을 세워야 한다. 자신의 자금력을 무시하고 무조건적으로 선정하다 보면 많은 시행착오를 경험하게 된다.

투자 가능 자금이 3천만 원 미만일 경우 수도권과 경기도 지역 내 빌라 또는 다세대 연립 물건을 검색하여 물건을 신청하는 것이 좋다. 가능한 여러 물건을 선정하여 현장조사하다 보면 분명 나에게 적합한 물건을 선별할 수 있고 이 정도 물건이면 얼마에 응찰하여 얼마에 되팔아 얼마의 수익을 낼 수 있겠다라는 예측도 할 수 있게 된다. 이렇게 물건을 선정한 후 현장조사에서 얻은 자료를 차례로 정리해 법원별로 입찰일자를 파악하여 우선순위를 정하면 편리하다. 이때 조사결과를 토대로 미리 응찰할 가격(매수가액)을 결정해야 한다. 입찰가를 결정했으면 반드시 미리 입찰표를 작성해서 법원에 가라. 그렇지 않고 당일 법원에 가서 정하면 되겠지라고 생각해서 미리 작성해두지 않으면 자칫 분위기에 휩쓸려 입찰가액을 높게 쓰는 실수를 범하기 쉽다. 이렇게 많은 물건을 입찰하다 보면 낙찰받는 경우도 있고 내가 써낸 입찰가격이 낮아서 제출한 보증금을 그대로 돌려받아 돌아오는 경우도 허다할 것이다. 그러나 좌절할 필요는 없다. 저녁 잠들기 전 내가 왜 낙찰받았고 왜 떨어졌는지, 낙찰 가격은 적정했는지 여부를 점검해 보아야 한다. 분명 그 이유를 찾을 수 있다. 그래도 걱정할 필요는 없다. 내일도 경매신청 되는 물건은 쏟아져 나온다. 한 우물을 파듯이 성실하게 물건을 검색하고 선정하여 철저히 현장조사를 해보자. 처음이 어렵지 두 번째부터 쉬워진다.

초보자에게 맞는 물건이 따로 있다

초보자는 가급적 오피스텔이나

상가와 같은 임대용 물건은 피해야 한다. 오피스텔은 각종 세금 규제와 기타 제반 사항 등으로 인해 매도 시점에서 보면 수익률이 다소 낮다. 상가와 같은 임대용 물건의 경우에는 임차인을 구해야 하는 번거로움도 있으며 실제로 상가 수익률이 생각보다 좋지 않다. 만약 낙찰받아 세를 주게 되더라도 임차인이 월세를 체납하여 골머리를 썩이는 경우가 빈번하며 그로 인한 명도 소송 가능성도 다분히 있다. 이와 같은 여러 가지 사항을 감안했을 때 초보자는 오피스텔이나 임대용 물건은 피하는 것이 좋다. 정작 그러한 물건에 관심이 있을 경우 전문가의 조언을 받아서 취득하는 것이 바람직하다.

초보자는 다음과 같은 주거용 물건이면 충분하다. 다음의 두 사례를 참고하여 자신의 여건에 맞는 해당 지역의 물건을 최대한 많이 선정한 후 현장조사를 실시하여 입찰 준비를 해보자. 이때 해당 부동산의 현 시세가 가장 중요함을 명심하자. 또한 건축년도 등을 감안하여 약간의 수리비용도 염두에 두어야 한다. 약간의 수리로 매도시점을 앞당길 수 있으며 내가 희망하는 가격에 매도도 가능하기 때문이다.

다음(2010타경40867[5]) 물건의 경우 건축년도는 2001년이며 의정부역사가 인근에 있고 버스정류장도 가까워 교통이 편리하다. 건물 전용면적 또한 12평으로 경기도 의정부의 빌라 수준으로는 괜찮은 편으로 자녀가 없는 신혼부부가 가장 좋은 입주 대상이다. 이 물건의 경우 소액 임차인이 전체를 점유하고 있어서 명도가 다소 쉬우며 이주비 지급금액 또한 저렴하거나 아예 지급하지 않아도 된다는 장점이 있다. 현금투자 비용이 많이 들지 않는다는 측면과 시세대비 적정하게 낙찰을 받는다면 충분한 수익을 기대할 수 있는 물건이다.

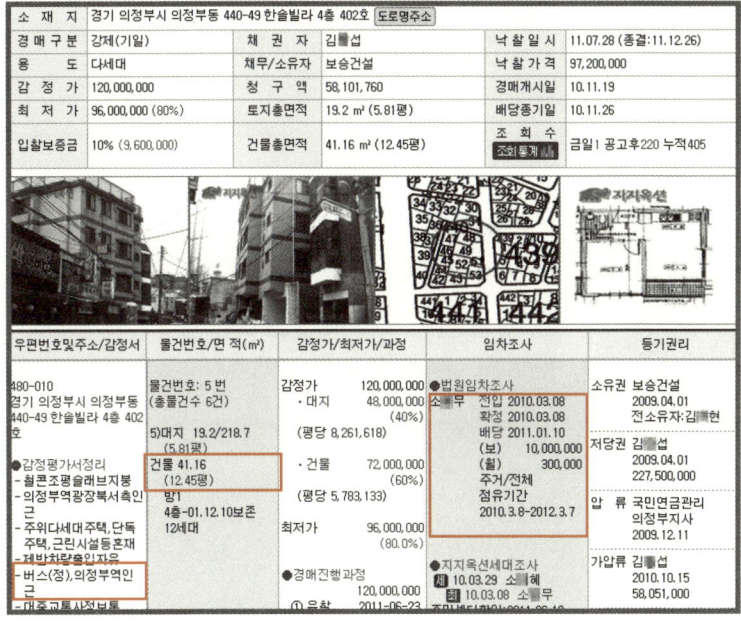

2010타경40867[5]

다음(2005타경11009)의 경우는 대표적인 강남 3구 물건이다. 건물의 전용면적은 무려 45평이나 되는 서래마을 인근의 중대형 아파트이다. 감정가는 6억 5천만 원이었으나 당시 시세는 감정가보다 훨씬 높았고 그 당시 인근 유사한 부동산 낙찰가액 대비 현저히 낮은 물건이었다. 서초구 서래마을 인근의 전용면적 45평 고급아파트를 5억 1천만 원대 낙찰을 받았으니 이미 돈을 번 것이나 다름없었다. 이 부동산의 다른 호수도 경매로 진행된 적이 있었는데 해당 부동산이 최저가로 낙찰된 경우이며 일반 매매 계약과 비교해도 가장 최저가액이었다. 이 경매 부동산은 외국인을 대상으로 렌트도 가능하고 주거환경도 매우 우수하기 때문에 낙찰을 아주 잘 받은 대표적인 사례이다.

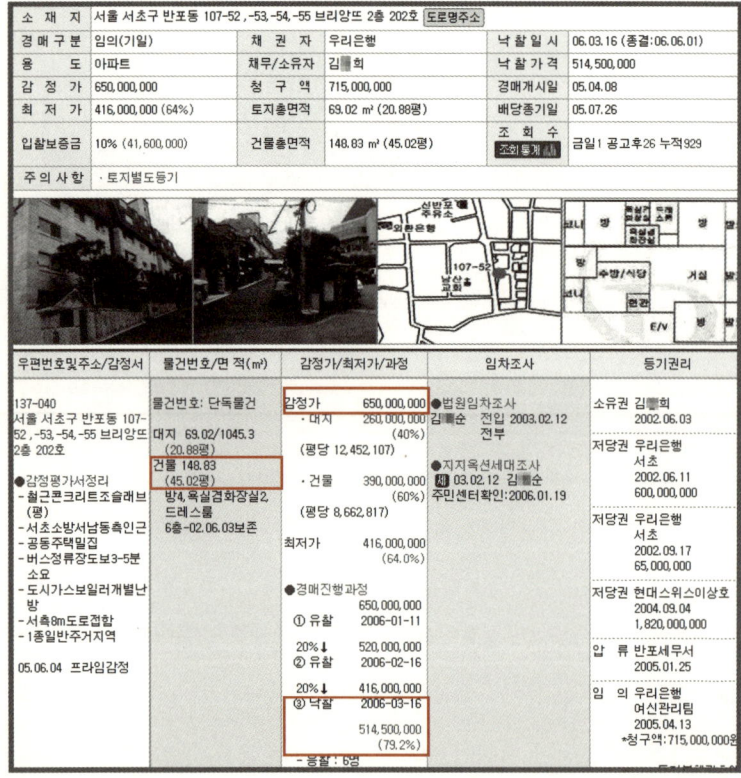

다음(2005타경24708[2])의 경매물건 경우를 보자. 같은 번지수의 경매 낙찰 사례가 있었고 앞의 브리앙뜨 202호 경매부동산(2005타경11009)보다 전용면적이 5평이나 작은 40평 아파트이다. 그러나 낙찰가격은 더 높다. 이미 경매 소문이 무성하게 퍼져있었고 강남의 서래마을이라 하면 어느 정도 부동산 가격은 받쳐주는 지역이며, 또 신문이나 잡지에 자주 등장하는 곳이어서 매수 문의가 잦은 곳이었기 때문이다. 해당 부동산이 1층인 약점이 있었지만 전원주택 같이 현관 베란다 앞에 잔디가 조성되어 있었고 여러 편의시설이 잘 잘 갖추어져 있어 주말에 마치 펜션에 온 것 같은 분위기를 제공하여 주는 우량 물건이었다. 낙찰자 또한 매우 흡족해한 사례이다.

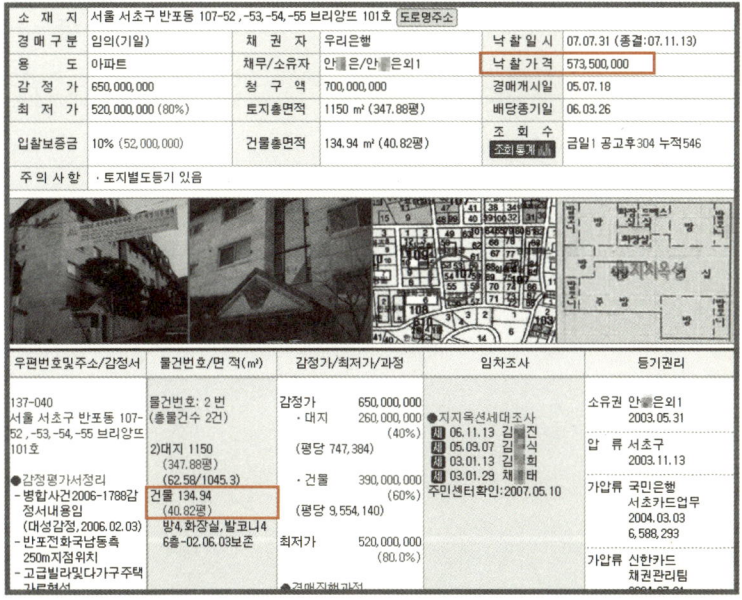

2005타경24708[2]

이렇게 경매 신청된 물건을 검색하여 현장조사를 하다보면 부동산에 대한 안목도 넓어지고 우량물건도 쉽게 찾아낼 수 있으며 이러한 물건에 응찰 할 수 있는 기회도 생기게 된다. 그러다 보면 낙찰도 경험할 것이고 그것이 쌓이다 보면 고수로의 길에 접어들게 될 것이다. 가급적 자신에게 맞는 물건을 최대한 많이 선정하여 현장조사 자료를 토대로 입찰가를 결정하고 단기간에 걸쳐서 낙찰을 묶어서 받길 바란다. 이렇게 낙찰받은 물건들은 정확한 현장조사가 뒷받침 되었기 때문에 충분한 수익을 기대할 수 있고 낙찰자가 입주해도 손색이 없을 정도이다.

서초구의 이 두 물건은 불량배들이 개입하고 있어서 예상치 못한 여러 어려움을 겪었다. 점유자들이 필자의 사무실을 불시에 방문하여 업무 방해를 하기도 했고 명도 과정 중 고성이 오간 사례이기도 하다. 이런 일들은 중대형 물건을 낙찰받았을 때 간혹 발생하기도 한다. 이런 장애를 잘 극복하는 비결은 역시 실전경험이다.

"최대한 많은 물건을 선정하라!"
물건 하나씩 철저하고 정확하게 현장조사 하라.
나에게 꼭 맞는 우량물건을 발견할 것이다.

3대가 잘사는 Secret 4

입찰표 작성은 이렇게!

입찰 당일 준비물은 빠짐없이 챙겼는지 다시 한 번 확인하자!

1. 본인 입찰: 본인 신분증, 도장, 입찰보증금
2. 대리인 입찰: 본인의 인감증명서, 본인의 인감이 날인된 위임장, 대리인 도장, 대리인 신분증, 입찰보증금

입찰보증금은 경매의 경우 입찰가격(매수가격)의 10%도 무방하지만 가급적 최저가의 10%만 준비하자.
이때 입찰표는 미리 작성해서 법원으로 간다.

입찰표 작성 시 다음 사항을 주의하자!

❶ 입찰기일: 입찰하는 날의 날짜 기재
❷ 사건번호: 입찰하고자하는 경매물건의 사건 번호 기재
❸ 물건번호: 한사건에 여러 물건이 있는 경우 물건번호가 부여
　　　　　　이때 반드시 물건번호를 기재해야 한다.
　　　　　　물건번호를 적지 않으면 입찰무효처리 된다.
❹ 입찰자: 성명 기재, 도장 날인 및 기타 사항 기재
❺ 입찰가격: 칸 안에 정확히 기재

다른 칸에 적는 실수를 해서는 안 된다.

입찰가격과 보증금액을 잘못 적었을 때에는 다른 용지에 다시 작성해야한다.

금액을 기재한 후에 수정하면 낙찰되더라도 무효가 된다.

❻ 보증의 제공방법: 제공방법에 따라 체크

통상 수표 한 장으로 준비하므로 현금·자기앞수표에 체크한다.

❼ 보증을 반환 받았습니다:입찰자 성명을 기재하고 미리 도장 날인

※ 기입입찰표 양식은 101~102페이지를 참고하자.

[전산양식 A3360] 기일입찰표(흰색) 용지규격 210mm×297mm(A4용지)

(앞면)

기 일 입 찰 표

지방법원 집행관 귀하   ❶ 입찰기일 :   년   월   일

| ❷ 사건번호 | 타 경   호 | ❸ 물건번호 | ※물건번호가 여러개 있는 경우에는 꼭 기재 |

❹ 입찰자

		성 명		전화번호	
	본인	주민(사업자)등록번호		법인등록번호	
		주 소			
	대리인	성 명		본인과의 관계	
		주민등록번호		전화번호	-
		주 소			

❺ 입찰가격: 천억 백억 십억 억 천만 백만 십만 만 천 백 십 일 원

보증금액: 백억 십억 억 천만 백만 십만 만 천 백 십 일 원

❻ 보증의 제공방법
□ 현금·자기앞수표
□ 보증서

❼ 보증을 반환 받았습니다.

입찰자

주의사항

1. 입찰표는 물건마다 별도의 용지를 사용하십시오. 다만, 일괄입찰시에는 1매의 용지를 사용하십시오.
2. 한 사건에서 입찰물건이 여러개 있고 그 물건들이 개별적으로 입찰에 부쳐진 경우에는 사건번호외에 물건번호를 기재하십시오.
3. 입찰자가 법인인 경우에는 본인의 성명란에 법인의 명칭과 대표자의 지위 및 성명을, 주민등록란에는 입찰자가 개인인 경우에는 주민등록번호를, 법인인 경우에는 사업자등록번호를 기재하고, 대표자의 자격을 증명하는 서면(법인의 등기부 등·초본)을 제출하여야 합니다.
4. 주소는 주민등록상의 주소를, 법인은 등기부상의 본점소재지를 기재하시고, 신분확인상 필요하오니 주민등록증을 꼭 지참하십시오.
5. 입찰가격은 수정할 수 없으므로, 수정을 요하는 때에는 새 용지를 사용하십시오.
6. 대리인이 입찰하는 때에는 입찰자란에 본인과 대리인의 인적사항 및 본인과의 관계 등을 모두 기재하는 외에 본인의 위임장(입찰표 뒷면을 사용)과 인감증명을 제출하십시오.
7. 위임장, 인감증명 및 자격증명서는 이 입찰표에 첨부하십시오.
8. 일단 제출된 입찰표는 취소, 변경이나 교환이 불가능합니다.
9. 공동으로 입찰하는 경우에는 공동입찰신고서를 입찰표와 함께 제출하되, 입찰표의 본인란에는 "별첨 공동입찰자목록 기재와 같음"이라고 기재한 다음, 입찰표와 공동입찰신고서 사이에는 공동입찰자 전원이 간인 하십시오.
10. 입찰자 본인 또는 대리인 누구나 보증을 반환 받을 수 있습니다.
11. 보증의 제공방법(현금·자기앞수표 또는 보증서)중 하나를 선택하여 ☑표를 기재하십시오.

(뒷면)

위 임 장

대리인	성 명		직 업	
	주민등록번호	-	전화번호	
	주 소			

위 사람을 대리인으로 정하고 다음 사항을 위임함.

다 음

○○지방법원 타경 ○○○○○○○○○호 부동산 경매사건에 관한 입찰행위 일체

본인 1	성 명	(인감)	직 업	
	주민등록번호	-	전화번호	
	주 소			

본인 2	성 명	(인감)	직 업	
	주민등록번호	-	전화번호	
	주 소			

본인 3	성 명	(인감)	직 업	
	주민등록번호	-	전화번호	
	주 소			

* 본인의 인감 증명서 첨부
* 본인이 법인인 경우에는 주민등록번호란에 사업자등록번호를 기재

○○○○지방법원 귀중

일단은 부딪쳐 보아라

　종합적으로 자신에게 맞는 물건을 검색하여 합당한 물건을 선정하였는가? 현장조사를 통하여 어떤 물건에 입찰할 것인가를 정했는가? 그러면 경매 입찰을 통해서 초보 딱지를 떼어보자. 우선 선정한 여러 물건중에서 우량물건 순으로 우선순위를 매기고 각 물건별로 입찰 법원과 입찰 일자를 일목요연하게 정리한다. 다시 한 번 강조하지만 입찰가격은 미리 결정해 입찰표를 작성해 가야 한다. 법원 입찰장에 가서 흔들리지 말고 초심을 잃지 않아야 한다. 부딪힘은 빠를수록 좋다. 자, 이제 입찰장으로 출발하자. 낙찰을 받은 후에는 명도계획과 더불어 금융계획(경락잔금대출)도 세워야 한다.

이것이 모두 준비되었다면 이제는 실전이다. 다음 사항을 반드시 체크하자.

1. 입찰 보증금은 통상 최저가의 10%임을 잊지 말자.

미리 수표 1장으로 준비하자. 그래야 입찰장에 가서 남의 눈치 보지 않는다. 입찰한 이후 낙찰이 되던 안 되던 유유히 입찰장에서 나와라. 굳이 소문을 낼 필요는 없다. 내가 어떤 물건에 응찰하고 내가 어떤 사람인지 알려줄 필요가 없다. 내 길만 가면 된다. 낙찰이 되었다면 명도와 대출을 준비해야 한다.(명도와 대출은 다음 장에서 상세히 설명하도록 한다.)

2. 명도를 가급적 빨리 끝내야 한다는 점을 잊지 말자.

그렇다고 너무 서두르면 명도 과정에서 조급함과 미숙함으로 손해를 볼 수 있으므로 사전에 철저한 계획을 세워야한다.

3. 명도 과정이 종료 되었다면 입찰하기 전 조사한 자료들을 한데 모아 정리해두자.

입찰할 물건에 대해 조사한 모든 자료들은 꼭 스크랩 해두어야 한다. 훗날 반드시 도움이 된다. 물론 부동산 트렌드는 변화되지만 분명 참고 자료로 제 몫을 할 것이다.

4. 현장 조사 자료를 토대로 낙찰받은 물건과 현 매물을 비교 분석하자.

명도과정이 끝나면 현장조사한 자료를 토대로 낙찰받은 내 물건과 현재 매물로 나와 있는 물건의 위치와 전용면적을 다시 한 번 비교하여 본다. 앞서 이야기 했듯이 내가 낙찰받은 물건 보다 상위(건축년도, 위치, 층수 등)에 있는 물건들이 우선 매도된다는 것을 명심하자. 부동산 매도에 있어 위치와 면적, 층수는 매우 중요하며 언덕에 있느냐 평지에 있느냐도 관건이다. 그러나 필자가 지하층부터 1층, 2층, 3층, 4층, 5층까지 모두 낙찰받아 본 결과 경매로 낙찰받은 물건은 절대로 손해를 보지 않는다. 그 이유 중 하나는 충분한 현장조사를 통하여 매도가를 어느 정도 예측하고 낙찰받았기 때문이다.

낙찰 받은 부동산
잘 파는 방법 따로 있다

내가 낙찰받은 물건이 비교 우위에 있다면 매도는 당연히 수월하다. 그렇지 않다면 이 방법을 써보자. 인근 부동산 중개업소에 음료수를 한 박스 사서 방문한다. 방문하여 솔직하게 상황을 이야기한다. 내가 낙찰받은 물건의 평수에 대하여 정확히 설명하고 현재 매물로 등록되어 있는 물건의 가격이 어느 정도인지 파악한다. 층수와 위치, 전용면적을 꼭 확인해야 한다. 지금까지 수없이 부동산 매도를 해본 결과 아파트와 달리 일반 부동산인 빌라, 연립, 다세대 매물들의 가격은 정확히 정해져 있는 경우가 드물었다. 부동산 중개업소에 방문하여 집 좀 내놓으러 왔는데 얼마 정도 받을 수 있을지 물어보면 보통 두 가지로 답변한다. "얼마에 내놓으실 건데요"아니면 "얼마에 팔아 드릴까요"이다. 그 이유는 아직 확실하게 정해진 가격이 없기 때문이라고 보면 무방하다.

현재 매물이 대략 얼마의 가격대에 형성되어 있는지 확인되었다면 내가 낙찰받은 물건을 보기 좋게 수리하자. 일반적으로 벽지와 씽크대, 장판, 조명, 화장실 그리고 문짝을 교체하거나 수리하면 빨리 매도할 수 있다. 비용을 절감한다고 무조건 싸구려로 하면 안 된다. 전문업체를 선정하여 지속적으로 거래하길 권한다. 필자의 경우는 믿을만한 인테리어 업체를 선정하여 오랫동안 거래하고 있다. 이 업체는 내가 원하는 내부 수리 취향을 알기에 적정선에서 견적도 내주고 마무리도 깔끔하게 해주어 빠른 매도에 도움을 받고 있다. 아파트와 달리 빌라와 다세대 연립의 경우는 적절한 내부 수리를 하는 것이 빠른 매도 방법임을 다시 한번 강조하고 싶다.

내부 인테리어는 가급적 화이트 계열로 하는 것이 효과적이다. 화이트 계열은 시각적으로 내부를 넓게 보이는 효과를 나타내기 때문이다. 더불어 현관문 잠금 장치는 버튼식(비밀번호를 등록할 수 있는 게이트맨 정도)으로 교체하면 좋다.

또 다른 방법은 부동산 중개업소에 직접적인 이익을 제시하는 것이다. 일반 부동산 매물로 위탁하면서 이 부동산을 얼마의 가격(내가 희망하는 가격)에 매도해주면 중개 수수료(부동산 복비)를 더 지급하겠다고 제안하면 대부분은 시너지 효과가 난다.

물론 중개업소에만 내놓는다고 쉽게 매도가 되지는 않는다. 일반 부동산의 경우 매도 방법에 차이가 있겠지만 어느 정도 한계가 있기 때문에 마냥 부동산 중개업소만 믿지 말고 내가 직접 매도할 수 있는 방법도 모색해 보자.

내가 직접 매도할 수 있는 방법도 여러 가지이다. 그 중 한 가지는 생활정보지에 집주인이 직접 매도(급매물)한다는 광고와 인터넷 부동산에 등록(참고로 요즘 생활 정보지도 경쟁이기 때문에 인터넷으로 광고를 하여 주기도 한다)하는 방법이고 또 다른 방법은 직접 문어발 전단지를 부착하는 것이다. 가끔 길거리를 지나다 보면 전봇대나 벽 같은 곳에 '급매'라고 인쇄된 전단을 보았을 것이다. 사람들의 왕래가 잦은 곳에 전화번호를 기재하여 부착해 놓으면 의외로 문의 전화가 많이 온다. 이런 이유에서 현관문의 잠금 장치를 비밀번호 식으로 교체하라고 한 것이다. 매도할 부동산 내부에 중요한 물건들이 없고 집을 본다는 손님의 전화번호도 있으므로 그리 큰 걱정을 할 필요는 없다. 매도를 의뢰한 부동산도 발 빠르게 움직이겠지만 나는 나대로의 방식으로 움직여줘야 이중효과를 기대할 수 있으며 경쟁력도 갖출 수 있으니 얼마나 좋은 방법인가?

부착하는 노하우도 따로 있다. 필자가 여러 접착제를 사용해 본 결과 시중 문방구에서 판매하는 '조은풀'이 가장 접착력이 좋다. 웬만한 바람에도 부착한 전단지가 잘 떨어지지 않는다. 직접 부착하는 것이 힘들고 부끄럽다면 늦은 밤과 이른 새벽에 운동 삼아 길거리에 부착하여 보라. 반나절 정도 지나서 보면 내 전화번호와 매도가격이 기재된 '문어발'을 많이 떼어 간 것을 직접 확인할 수 있다.

이와 같은 방법을 써서라도 매도에 집중하다 보면 내가 계획한 충분한 수익을 얻을 수 있다. 필자의 경우 직접 제작한 전단지를 통해 계약한 건수가 훨씬 많았다고 자신 있게 말할 수 있다.

단독 응찰 물건은
알짜배기 물건이다

다음(2002타경17020)은 단독 응찰하여 수익을 낸 사례이다. 통상 단독 응찰한 경우에는 금융기관에서 부정적인 시각으로 보는 경향이 있다. 경매 물건의 이해관계가 복잡한 비우량물건이라고 판단하기 때문이다. 그러나 고수들에게 이런 물건도 알짜배기 수익을 선사한다.

소　재　지	서울 동작구 상도동 279-60 이화빌라102호	도로명주소			
경 매 구 분	임의(기일)	채 권 자	서울은행	낙 찰 일 시	03.03.25 (종결:03.05.21)
용　　도	다세대	채무/소유자	김■섭	낙 찰 가 격	92,250,000
감 정 가	110,000,000	청 구 액	51,203,392	경매개시일	02.08.14
최 저 가	88,000,000 (80%)	토지총면적	32.93 m² (9.96평)	배당종기일	
입찰보증금	10% (8,800,000)	건물총면적	66.93 m² (20.25평)	조 회 수 조회통계	금일1 공고후2 누적227

우편번호및주소/감정서	물건번호/면 적(m²)	감정가/최저가/과정	임차조사	등기권리
56-030 서울 동작구 상도동 279-0 이화빌라102호 ●감정평가서정리 - 철콘슬래브지붕 - 상도초등교남측소재 - 단독,다세대밀집하는 주거지대 - 북측버스(정)도보 5-8분소요 - 개별도시가스난방 감정평가액 대지:44,000,000원 건물:66,000,000원 02.10.16 대일에셋감 개별공시지가: 776,000 2002.01.01기준	물건번호: 단독물건 대지 32.93/251 (9.96평) 건물 66.93 (20.2평) 방3,옥실겸 화장실2 4층-01.03.15보존 남향	감정가 110,000,000 · 대지 44,000,000 (40%) (평당 4,417,671) · 건물 66,000,000 (60%) (평당 3,259,259) 최저가 88,000,000 (80.0%) ●경매진행과정 110,000,000 ① 유찰 2003-02-18 20%↓ 88,000,000 ② 낙찰 2003-03-25 92,250,000 (83.9%) - 응찰 : 1명 - 낙찰자:홍■현 종결 2003-05-21	●법원임차조사 없 음(소유자 점유) ●지지옥션세대조사 전 01.04.12 김■섭 주민센터확인:2003.03.08	저당권 서울은행 상도동 2001.07.11 60,000,000 소유권 김■섭 2001.07.11 전소유자:윤봉금 압 류 동작구 2002.01.24 가압류 현대캐피 사당 2002.03.21 10,200,000 가압류 중앙대 중대병원 2002.05.20 4,430,000 가압류 중앙대 중대병원 2002.08.14

2002타경17020

　이 물건은 1층이지만 지하층 같은 다세대 주택이다. 건축연도가 최근이라 내부가 깨끗한 집일 거라고 생각했다. 그러나 명도가 종료된 시점에서 내부를 확인하여 보니 예상 밖으로 집이 엉망이었다. 전 소유자가 시베리안 허스키라는 대형견을 집안에서 키웠기 때문에 현관문 주변과 강화마루의 훼손 상태가 심각했다. 또한 말이 1층이지 건물 주위에 두꺼운 옹벽이 있어 습기가 많아 방습지를 붙여 도배를 새롭게 해야 하는 난관에 부딪혔다. 그래도 현장조사를 통해 시세를 제대로 파악한 경우라 어느 정도 내부 수리만 하면 좋은 가격에 매도할 수 있다는 자신이 있었다. 깨끗하게 내부 수리를 마치고 부동산 중개업소에 매도 의뢰를 하고 직접 전단지도 부착하니 매수 문의가 빗발쳤다.

대부분 사람들은 단독 응찰하여 낙찰받았다고 하면 어떤 심각한 하자가 있을 거라고 생각하는 경우가 많은데 꼭 그렇지만은 않다. 이 물건은 단독 응찰하였고 내부 환경 또한 열악한 상황이었지만 사겠다는 매수자가 많아 희망 가격 이상에 매도되어 기대 이상의 수익을 올려 알짜배기가 되었다. 꼼꼼하게 현장조사를 하였다면 단독 응찰도 두려워하지 마라. 내 소신이 가장 중요하다. 이 물건은 소유자와 대화가 잘 되어 명도도 아주 수월하게 완료된 사례이다.

응찰을 꺼리는 물건에 보화가 숨어있다

다음(2000타경49016[3])의 경우는 낙찰 후 중개업소를 통하지 않고 매도한 사례이다. 건물 전용면적 및 위치, 교통수단 등 여러 면에서 불리한 조건의 물건이었다. 그러나 현장조사를 통해 살펴보니 주변에 이러한 평수의 물건이 많지 않고 마을버스를 타고 다녀야 하는 불편함은 있었지만 이 정도 가격대의 빌라가 드물다는 사실을 알게 되었다. 이 가격 정도면 신혼부부들이 전세 입주 대신 이 부동산을 매수할 거라는 확신을 가지고 낙찰 받았다. 낙찰 받으며 금융기관의 대출도 적극적으로 활용하여 매수인이 부담 없이 금융기관의 대출 상품을 승계하도록 하여 처분한 물건이다.

우편번호및주소/감정서	물건번호/면 적(m²)	감정가/최저가/과정	임차조사	등기권리
136-100 서울 성북구 정릉동 508-46 그린빌102호 감정평가액 대지:18,000,000원 건물:27,000,000원 ●감정평가서정리 -철콘조슬래브지붕 -성북구민회관북서측 -버스(정)인근소재 -도시가스개별난방 -일반주거지역 -군사시설제한보호구역 (101호:52,000,000원 102호:40,000,000원 201호:53,000,000원 202호:55,000,000원 301호:53,000,000원 302호:45,000,000원 -2001.6월 낙찰) (지층B01호: 66,500,000원 -2001.7월 낙찰) (101호:50,000,000원 201호:52,200,000원)	물건번호: 3 번 (총물건수 3건) 3)대 19.18/225 (5.8평) ・건 35.16 (10.64평) (10.6평-방2) 4층-97.11.28보존	감정가 45,000,000 ・대지 18,000,000 (40%) (평당 3,103,448) ・건물 27,000,000 (60%) (평당 2,537,594) 최저가 36,000,000 (80.0%) ●경매진행과정 45,000,000 ① 유찰 2001-05-04 20%↓ 36,000,000 ② 낙찰 2001-06-08 40,000,000 (88.9%) 36,000,000 ② 낙찰 2002-07-12 42,120,000 (93.6%) - 응찰 : 2명 - 낙찰자:홍■현	●법원임차조사 권■진 전입 2000.09.27 확정 2000.09.28 배당 2001.02.13 (보) 35,000,000 이■범 전입 2000.09.27 확정 2000.09.28 (보) 35,000,000 총보증금:70,000,000 ●지지옥션세대조사 새 01.03.15 유■일 주민센터확인:2001.06.08	임 의 농협중앙 2000.11.20 *청구액:321,500,000원 저당권 농협중앙 송■남 1997.12.11 65,000,000 저당권 농협중앙 송■남 1997.12.11 65,000,000 저당권 농협중앙 송■남 1997.12.11 260,000,000 등기부채권총액 390,000,000 ↑위는 1번등기내용임 ● (상세안내)

2000타경49016[3]

경매물건은 철저한 현장 조사를 하여 좋은 가격에 낙찰 받으면 절대 손해 볼 이유가 없다. 그러나 열심히 발품을 팔아야 한다. 현장조사는 내가 직접 두 발로 뛰자.

"일단 부딪혀라!"

정확하게 현장조사를 했는가?

남들이 꺼려하는 물건도 소신껏 응찰해라.

알짜배기 물건이 될 것이다.

현장조사가 시작이고 끝이다

경매나 공매 시 무엇이 가장 중요하냐고 물으면 필자는 두 번 생각하지 않는다. 바로 '현장조사'라고 답한다. 가장 쉽게 접근할 수 있는 일반적인 경매물건은 아파트이다. 권리분석을 마치고 현장조사를 하기 전에 미리 KB 부동산 알리지(http://nland.kbstar.com)를 조회하면 전·월세 시세와 매물현황, 매매 시세 등을 파악할 수 있다. 또한 국토교통부(http://rt.mltm.go.kr)에 접속해 보면 입찰할 물건의 실거래가가 정확히 기재되어 있다. 특히 국토교통부의 실거래신고가격은 신뢰할만하다. 그러나 이런 것들은 참고 자료로만 활용할 뿐 입찰할 물건은 무조건 현장조사를 통한 결과치를 기초 자료로 삼아야 한다.

경매사이트에서 검색한 아파트와
실제 아파트는 다르다

최근 영등포 지역의 아파트를 경매로 취득하려는 분을 만났다. 경매사이트에서 여러 물건을 검색하여 적당한 물건을 선정한 후였다. 경매 의뢰 고객은 거의 마음을 굳히고 입찰에 응찰할 자세였다. 때를 놓치지 않고 함께 현장조사를 실시하였다. 하지만 현장조사 후 입찰 대상 물건을 변경하였다. 실제로 현장조사를 실시해보니 경매사이트로 보는 것과는 상당한 차이가 있었기 때문이다.

아파트 현장조사는 다음 사항을 꼼꼼히 살펴야 한다.

> ☐ 과거부터 현재까지의 매매 시세   ☐ 현재 급매물의 가격
> ☐ 매도물량   ☐ 교통여건   ☐ 주변 환경
> ☐ 현재 점유자에 대한 정보(살고 있는 사람, 직업, 연령대 등의 신상정보)
> ☐ 전세 시세 및 전세 임차금   ☐ 매도매수 거래량
> ☐ 주변 개발 계획   ☐ 한달 평균 관리비
> ☐ 해당 부동산의 관리비 체납 여부
> ☐ 아파트 방위(아파트의 경우 남동향이 매도매수가 잘되고 가격 또한 높다) 등

실제 아파트는 컴퓨터 화면으로 보는 것과는 차이가 많이 난다고 보면 된다. 위 사항들은 컴퓨터로는 절대 알 수 없는 정보들이다. 직

접 현장조사를 하게 되면 입찰할 물건의 정보가 확실하게 파악되므로 응찰 전에 결정적인 도움이 된다. 또한 얼마나 많은 사람들이 문의해 왔는지 여부 등도 알 수 있게 된다. 역시 정보는 힘이다. 요즘은 유료 경매사이트에서 주민등록전입 및 세대열람을 확인하여 주는 서비스도 제공하므로 주민센터에 직접 가야하는 번거로움이 해소되었다.

경매 초창기에는 작은 소형차를 타고 차량이 안 막히는 새벽 일찍부터 밤늦게까지 현장조사를 다녔다. 무수한 현장조사 경험이 지금의 필자를 경매 고수로 만들어준 일등공신이다. 아파트의 경우는 이정도의 현장조사를 실시하면 입찰가격을 산정하는데 많은 도움이 된다.

빌라, 연립, 다세대주택은 주변 사람들을 활용한다

빌라, 연립, 다세대주택과 같은 물건의 현장조사는 다소 많은 시간이 소요된다. 아파트와 달리 정보가 부족하기 때문에 부지런히 발품을 팔지 않으면 원하는 정보를 얻을 수 없다. 미리 입찰할 물건에 대한 권리분석을 어느 정도 마친 후 현장조사를 해야 한다.

빌라, 연립, 다세대주택의 현장조사 시에는 다음 사항을 반드시 점검해야 한다.

- ☐ 건물의 노후정도 ☐ 건물의 외관 상태
- ☐ 예상되는 내부 수리 범위 ☐ 차량진입 상태와 접근성 ☐ 주차공간
- ☐ 점유자의 실제 거주 여부(경매로 진행되는 경우 빛에 쪼들려 미리 야반도주 하는 경우도 많다)
- ☐ 형성된 전세가격 ☐ 교통여건과 지리적 위치
- ☐ 재래시장이 인근에 있는지 여부와 거리
- ☐ 편의성 ☐ 인근개발 정보 ☐ 매물량 및 급매 정보 등

이러한 물건은 인근 부동산 중개업소를 최대한 활용해야 한다. 여러 곳을 방문하여 현재 나와 있는 매물과 급매물 등의 정보를 꼼꼼히 파악해야 한다. 필자는 인근 중개업소 뿐만 아니라 입찰할 물건의 옆집과 아래 위층에 거주하는 이웃 분들도 꼭 만난다. 공손히 인사를 하고 이 근방에 집을 구한다고 말씀드리고 난후 우회적으로 경매로 나온 물건에 대한 정보를 집요하게 수집한다. 현장조사 시 중개업소에서도 정보를 얻을 수 있지만 해당 부동산 인근에 거주하고 있는 주민들을 통해 더 많은 정보를 수집할 수 있다. 누가 급매물을 구입해서 이사 왔고 최근 누구네 집이 얼마에 팔렸으며, 집은 튼튼하게 지어졌는지 내부에 비새는 곳은 없는지 현재 거주하고 있는 사람은 어떤 사람인지 등을 이야기해주며 심지어 자기 집을 보여주는 경우도 있다. 이러한 현장조사는 살아있는 정보를 제공해준다.

이렇게 수집한 정보는 귀로만 듣지 말고 꼼꼼하게 정리해야 한다.

이 정보는 입찰가격 산정에 결정적 도움을 줄 뿐만 아니라 미래를 대비한 훌륭한 포트폴리오가 되기도 한다. 이 정보를 기준으로 어느 정도 가격에 매도할 것인지 내부를 어떻게 리모델링하여 매도할 것인지 계획을 세울 수 있다. 인근 주민들의 이야기를 경청한 후 낙찰받은 물건은 효자 노릇을 톡톡히 한다.

다가구주택의 정보원은 임차인이다

일반주택과 다가구주택은 더욱 더 꼼꼼하게 현장조사를 할 필요가 있다. 이 종류의 물건은 앞에서 살펴 본 물건들과는 조금 다르다. 임대 수익이 목적이거나 임대 후 매매가 목적인 다가구주택의 경우에는 위치나 교통여건 외에도 다른 중요한 사항이 있다. 다가구주택은 여러 세대가 함께 살고 있다는 것이다. 그렇기 때문에 다음 사항을 좀 더 꼼꼼히 체크해야 한다.

- ☐ 여러 세대가 함께 살기 때문에 그곳에 살고 있는 임차인 조사
- ☐ 소유자가 거주하는 부분은 어딘지
- ☐ 누가 어느 곳을 점유하고 있는지
- ☐ 전용면적 평당 임대료는 얼마인지

☐ 각 가구별로 보증금과 월세(인근 부동산 중개업소를 방문하여 파악)는 얼마를 받을 수 있는지
☐ 주위의 원룸이나 원룸 형태의 다가구 주택은 얼마나 있는지
☐ 지하철 또는 버스 정류장에서 도보로 얼마나 소요 되는지(직접 걸어보면서 파악)

보통 경매로 나오는 다가구주택은 최근에 건축된 경우가 별로 없다. 그래서 건축된 지 좀 오래된 물건들이 경매로 나온다. 그렇기 때문에 낙찰받아 그대로 임대하는 것보다 어느 정도의 수리를 하여야 임대수익이 많아진다.

다가구주택의 현장조사 시 유의할 점이 있다. 현장조사 할 물건지에 가서 임차인들과 대화를 하다보면 이 물건이 왜 경매로 나오게 되었는지, 소유자는 어떤 사람이고, 옆집, 아랫집, 윗집의 임차인은 어떤 사람인지, 보증금은 얼마인지, 월세는 얼마인지, 언제 전입했는지 등에 대한 어느 정도의 정보 파악이 가능하다. 마찬가지로 이 정보는 입찰가격의 기준이 된다. 또한 현장조사는 명도관계와도 밀접한 관련이 있으며 경매물건의 리스크인 내부 환경에 대해서도 미리 예측을 가능케 해준다.

이 외 토지 및 근린주택, 원룸, 오피스텔 등도 마찬가지로 발품을 팔아 현장조사를 확실히 마치게 되면 낙찰받는데 상당한 도움이 될

것이다.

"경매는 현장조사로 시작해서 현장조사로 끝난다."

각 물건별로 꼼꼼히 이루어진 현장조사가 수익을 좌우한다.

현장조사의 달인이 되자.

자금계획과 금융기관의 대출을 활용하자

경매나 공매 물건은 부동산 종별마다 매력이 달라도 호감이 가는 물건들이 대체적으로 많다. 우선 시세보다 저렴하게 부동산을 취득 할 수 있다는 것이 경매와 공매의 가장 큰 매력이다. 그리고 저렴하게 취득한 만큼 그 차액의 일부를 리모델링이나 약간의 내부 수리 비용으로 사용하여 더 높은 수익을 창출할 수 있다는 것이 또 다른 매력이다. 그러나 자신의 현금 자산 규모를 고려하지 않고 무턱대고 탐나는 물건들을 낙찰받으면 낭패를 볼 수도 있다. 낙찰 잔금이 제대로 준비가 안 되어 상대적으로 이율이 비싼 저축은행이나 캐피탈 회사 등에서 급하게 대출을 받아 잔금을 처리하는 경우도 종종 있다. 부동산 경기가 좋아서 일단 부동산을 보유하고 싶은 마음이 앞서거나 단기매도하여 수익을 올릴 마음이 앞서 너무 많은 부동산을 취득해 결국 급하게 싼 값에 매도하여 수익률을 감소시키는 경우도 주변에서 많이 봐왔다. 이는 부동산에 대한 미련이나 욕심이 너무 커 자신의 가용 자금력을 무시해서 생긴 결과라고 판단된다.

내 지갑의 현금이 최대 자금이다

경매에서 중요한 요소 중의 하나는 자신이 운용할 수 있는 자금 계획을 정확히 세우는 것이다. 자신이 보유하고 있는 현금이 얼마인지, 대출은 얼마를 받을 것인지를 계획을 철저히 세워야 한다. 그리고 등기비용과 부동산 취득 시 납부해야 하는 각종 세금도 미리 고려해야 한다. 그렇지 않으면 좋은 물건을 낙찰받고도 일이 틀어져 결국은 급매로 팔아버리고 후회하는 일을 반복하게 된다. 필자의 경우도 초창기에는 매수한 물건이 돈이 되다 보니 자금현황을 제대로 파악하지 않고 무리하게 낙찰을 받았다가 자금 회전이 여의치 않아 낙찰받은 물건을 성급하게 매도하는 안타까운 사례도 있었다. 주위 사람들에게 돈 빌려달라는 부탁도 여러 번 하였으며, 은행 문턱에서 매달리며 아쉬운 소리도 했던 시절이 있었다. 그렇게 주위 사람들에게 차용하다보니 이자 부담도 컸다. 그러다보니 자연히 심적으로 위축되었다. 열심히 발품 팔아 현장조사하여 적정 가격에 낙찰받은 물건임에도 불구하고 급매로 매도하여 남 좋은 일 시킨 적이 많았다. 시간이 지나 지급한 이자를 계산해 보았더니 배보다 배꼽이 더 컸다. 오랜 시간 시행 착오를 겪으며 깨달은 원칙이 한 가지 있다면 자신이 세운 자금 계획 내에서 투자하라는 것이다.

금융기관의 대출상품을 적극 활용하는 방법도 있지만 어떠한 경우를 막론하고 타인에게 금전을 차용하여 부동산을 취득하는 경우에는 수익률이 떨어진다. 차용해야한다면 타인에게 손을 벌리는 일이 없어야 하고 가급적 금융기관에서 금전을 최대한 차용해야 상대적으로 이자 부담을 줄일 수 있다.

보유한 현금 규모에 따라 통상 5천만 원 미만, 1억 원 이하, 2억 원 이하, 3억 원 이상, 5억 원 이상, 10억 원 이상으로 나누어 부동산 종별로 물건을 선정하여 취득하여야 한다. 이러한 경우 주거용과 비주거용으로 분류하고 제1금융권(국민은행, 우리은행, 하나은행, 농협 등)과 제2금융권(단위농협, 단위수협, 새마을금고, 신협 등)을 적절히 활용해야 하며 정보가 부족하다면 금융기관 대출상품 취급 전문가에게 의뢰하여 도움을 받아야 한다. 장기보유를 위해서는 제1금융권의 대출상품을 적극 활용하여야 하며 단기매도용으로 낙찰받았을 경우 제2금융권의 대출상품도 효자노릇을 톡톡히 한다.

대출 상품을
적절히 활용한다

다음(2012타경25327)의 물건은 일반적으로 제 2금융기관에서 대출을 취급한다. 그러나 제 1금융기관인 하나은행에서 대출한도는 크고, 금리는 더 낮은 대출 상품을 적절히 활용한 예이다.

이 경매 부동산은 적정가격에 낙찰을 잘 받았다. 우선 대로변에 위치해 있고 어느 정도의 리모델링만으로도 충분한 수익을 기대할 수 있는 물건으로 추정된다. 상가의 위치가 좋지 않을 경우 대체로 장사가 잘 되지 않아 상가가 활성화되지 못한다. 그만큼 상가의 위치는 절대적이다. 그러나 대로변에 있어도 실상 죽은 근린상가들이 많다. 이런 상가들은 월임대료도 제대로 받을 수 없다. 하지만 이 사건의 근린주택은 대로변에 있으면서도 주택가에 인접해 있어 어느 정도의 인프라가 형성되어 있는 물건이고 감정가액이 거의 9억 원 정도인데 7억 원 미만에 낙찰받았으니 약 2억 원 정도 저렴하게 구매한 것이나 다름없다.

소 재 지	서울 성북구 하월곡동 70-66 [오패산로13길 18]				
경매구분	임의(기일)	채 권 자	이문휘경동(새)	낙 찰 일 시	13.03.07 (종결:13.06.05)
용 도	근린주택	채무/소유자	이○자	낙 찰 가 격	695,750,000
감 정 가	897,619,600	청 구 액	639,539,178	경매개시일	12.08.09
최 저 가	574,477,000 (64%)	토지총면적	184 m² (55.66평)	배당종기일	12.11.09
입찰보증금	10% (57,447,700)	건물총면적	361.8 m² (109.44평)	조 회 수 조회 통계	금일 1 공고후224 누적759

우편번호및주소/감정서	물건번호/면 적(㎡)	감정가/최저가/과정	임차조사	등기권리
136-130 서울 성북구 하월곡동 70-66 [오패산로13길 18] ●감정평가서정리 - 1층"찬홍스포츠", "찬홍 문방구", "소미홀럭", 지 하"성불신천지" - 철콘조슬래브지붕 - 서울북공업고등학교 측인근 - 주위단독및다세대주 택,아파트,학교,근린생 활시설등이루어짐 - 차량출입가능,교통사 정보통 - 버스(정)인근,길음역 근거리소재 - 부정형등고평탄지 - 남측8m,동측,서측,북 측2-4m(본건도로부부 포함)도로접합 - 도로접함 - 도시가스난방 - 도시지역 - 2종일반주거지역 (7층이하)	물건번호: 단독물건 대지 184 (55.66평) 현:일부도로 건물 - 1층근린생활시설 (2) 91.16 (27.58평) - 2층주택 72.96 (22.07평) - 3층주택 72.96 (22.07평) 방2 - 4층주택 54.96 (16.63평) - 지하1층근린생활시 설 65.76 (19.89평) 현:공실 제시외 - 창고 4 (1.21평) 4층-85.03.20보존	●감정가 897,619,600 - 대지 828,000,000 (92.24%) (평당 14,876,033) - 건물 69,219,600 (7.71%) (평당 632,489) - 제시 400,000 (0.04%) ●최저가 574,477,000 (64.0%) ●경매진행과정 897,619,600 ① 유찰 2012-12-27 20%↓ 718,096,000 ② 유찰 2013-01-31 20%↓ 574,477,000 ③ 낙찰 2013-03-07 695,750,000 (77.5%) - 응찰: 7명 - 낙찰자:최●영 - 2위응찰액: 657,800,000	●법원임차조사 홍●기 사업 2003.04.09 (보) 8,000,000 (월) 350,000 점포/1층일부 점유기간 2003.4.7- 찬홍스포츠 조사서상 문●선 사업 2003.04.24 (보) 20,000,000 (월) 400,000 점포/1층일부 점유기간 2003.2.20- 찬홍문방구 조사서상 최●경 전입 2006.02.27 배당 2012.08.27 (보) 25,000,000 주거/방1 점유기간 2006.2.26- 권●교 사업 2011.09.20 확정 2006.02.27 배당 2012.08.22	건물 소유권 이●자 1999.06.28 근저당 이문휘경동(새) [공동] 2010.07.26 780,000,000 임 의 이문휘경동(새) 2012.08.09 *청구액:639,539,178원 토지 압 류 서울시성북구 2012.04.06 등기부채권총액 780,000,000원 열람일자 : 2012.12.11

2012타경25327

    통상 이러한 근린주택은 제 1금융권인 외환은행이나 제 2금융권에서 대출을 받는다. 그러나 하나은행에서 5억 5천만 원을 대출받았으며 금리도 또한 3%대를 적용받아 잔금을 납부하였다.(담보대출과 사업자 대출을 동시에 받았다) 이 사례는 자신의 자금계획을 철저히 세우고 자신에게 맞는 경매부동산을 선택하여 금융기관의 경매잔금대출을 폭 넓게 잘 활용하였기 때문에 여러 이익이 추가로 발생했다.

공매 물건을 눈여겨본다

　　　　　　　　　　　　어느 정도 현금을 보유하고 있다면 경매물건과 더불어 공매물건도 눈여겨 볼 필요가 있다. 특수물건들이 있기 때문이다. 간혹 남들이 눈여겨보지 않는 물건들이 있다. 국가기관의 부동산은 공매(한국자산관리공사에서 진행하며 한글로 온비드(http://www.onbid.co.kr)를 검색한다)로 처분하여 일반인들에게 공개매각하는 경우가 있는데 응찰자 수 또한 많지 않다. 대표적인 예로 국가기관 소유의 '파출소'나 '우체국'이 있다.

　최근 고객 한 분이 경기도 소재의 국유재산인 우체국을 공매로 낙찰받았다. 금융기관의 대출문의로 인하여 필자가 지정법무사(일반적으로 금융기관에서는 업무협정을 하고 해당 금융기관에서 대출이 실행될 시 설정업무와 근저당권 말소 신청이 있을 경우 업무협정 한 법무사에게 그러한 업무를 위임하여 수행하게 한다)로 거래하고 있는 금융기관에 소개하여 자필자서를 한 고객이다. 이 고객이 공매로 낙찰받은 물건은 위치도 괜찮고 건물평수도 넉넉하며 낙찰가격 또한 저가에 잘 받은 사례이다. 국가기관 소유물인 우체국을 낙찰받아도 금융기관에서 대출이 가능하다. 약 3억 원 정도에 낙찰을 받았는데 이때도 낙찰가의 최대 80%, 최저 50%는 대출이 가능하다. 이러한 국가기관의 물건을 낙찰받으려면 본인은 낙찰가의 절반인 50%의 현금만 보유하고 있어도 가능하며 충분한 수익성을 보장받을 수 있다.

물건정보				
소재지(지번)	경기 광주시 남종면 분원리 64-2번지			
소재지(도로명)	경기도 광주시 남종면 산수로 1608			
물건관리번호	2012-1213-001945	재산종류	국유재산
물건용도/세부용도	기타건물	입찰방식	일반경쟁
면적	건물 184.44㎡, 토지 322㎡			
감정평가금액		장부금액	
감정평가일자		감정평가기관	

공매된 우체국 물건정보

　오래 전 자산관리공사에서 국가재산인 서울 신당동 소재의 파출소 건물이 공매로 나왔다. 이 또한 보유하고 있으면서 매도, 장기임대, 사무실이나 사옥 등으로 사용을 하여도 별 문제가 없는 공매물건이었다. 파출소나 우체국의 경우는 대민업무시설이기 때문에 위치가 좋은 것은 말할 것도 없고 주차장 시설도 갖추어져 있어서 여러 용도로 활용도가 높은 물건이다. 파출소와 같은 공매물건은 최저 3억 원 이상의 현금 보유자에게 적합한 물건이다.

　다음(2012타경258821[1]) 경우는 의료기 사업을 하는 지인이 공장을 운영하고 싶다고 하여 낙찰받은 물건이다. 위치도 공장으로 사용하기 적합하다. 경매로 나온 이 사건의 감정가는 2,444,157,760원 인데 낙찰은 1,855,980,000원에 받았다. 이 경매사건 역시 금융기관의 경매잔금 대출을 잘 활용한 예이다. 신한은행에서 18억 원을 대출 받았다. 등기비용 및 각종 세금을 제외하면 본인은 약 5천 6백만 원만 투자한 셈이다. 이처럼 금융기관의 경매잔금 대출을 적극 활용하면 충분한 수익을 얻을 수 있다. 그러나 너무 과도한 대출이나 높은 금리의 대출 상품은 오히려 독이 될 수 있음을 명심하자.

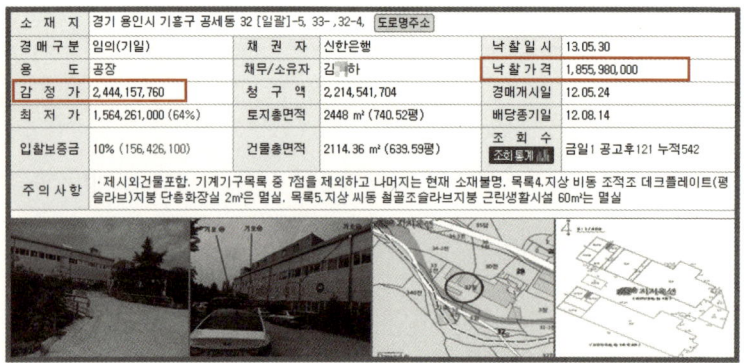

보유 금액대별로
숨은 물건이 있다

3억 원에서 최대 5억 원을 보유하고 있다면 대로변이나 대로변 인근 아파트 밀집 지역의 단독주택이나 구옥을 추천한다. 가급적 평지가 좋다. '왜 하필 이런 지역의 단독주택이나 구옥일까?' 하는 의문이 생기겠지만 여기에도 큰 수익이 숨어 있다.

이런 지역의 오래된 단독주택이나 구옥의 경우 건물가격은 그리 높게 평가되지 않는다. 감정평가금액을 보면 땅값이 차지하는 비율이 높다. 이러한 물건을 낙찰받으면 여러모로 쓸모가 있다. 건물을 멸실하고 나면 크게 돈 들어 갈 일이 없다. 카센터와 세차장으로 활용하면 된다. 카센터는 임대를 주면 되고 나머지 세차장은 본인이 운영하기에도 손색이 없다. 요즘 세차장이 드물다. 일부 퇴직한 분들을 고용하여 차량 1대당 얼마씩의 노임을 주고 서로 원원하는 방법도 있다. 퇴직 근로자들의 경우 꼼꼼하고 성실하므로 인력 관리에 크게 신경 쓰지 않아도 된다. 이러한 물건을 낙찰받는데는 최저 3억 원에서 최대 5억 원의 현금 자산이 필요하다. 물론 더 대형화로 간다면 추가적으로 현금이 더 소요 될 수도 있겠지만 그렇지 않을 경우 이 정도 금액이면 충분하다.

5억 원 이상 10억 원 이하를 보유하고 있다면 폐교를 추천한다. 공매로 나오는 경기도나 그 외 지방의 폐교를 낙찰받아 리모델링하여 사용하는 것도 아주 좋은 투자 사례이다. 최근에는 지방의 근린주택이나 폐교를 낙찰받아 원룸이나 게스트하우스로 리모델링하여 중국, 일본 관광객들을 유치해 조식도 제공하고 각종 볼거리를 제공하여 수익을 올리는 방법도 등장하고 있다. 또한 폐교를 낙찰받아 나날이 늘어가는 캠핑족을 대상으로 영업(장소대여 및 편의시설 제공)하거나 예술인들에게 대여하는 사례도 늘어나고 있다.

"자신의 현금 보유 능력이 물건 선정 기준이다."
보유 현금과 대출을 적절히 활용하여
분명한 자금 계획을 세워야 한다.
계획이 수익을 보장한다.

유치권 있는 물건에 투자한다

경매물건의 경우 '유치권 신고'가 되어 있는 물건들이 의외로 많다. 최근 들어 경매 입찰 제도와 유치권 최초 응찰 시 법원의 감정가로 시작하지 않고 1회 유찰된 상태에서 입찰을 허용하자는 민사집행법 개정이 검토되고 있다. 유치권을 너무 남발하여 경매 진행 기간이 장기화되면 채권자와 채무자 모두가 불리한 입장이 될 소지가 있어 개정을 앞두고 있다. 유치권을 등기부등본에 기재하는 방법으로 진행될 것 같으나 아직 입법통과가 되지 않았기 때문에 향후 추이를 지켜봐야 한다.

유치권이란 물권(物權)의 한 종류로 타인의 물건 또는 유가증권을 점유한 자가 채권을 변제받을 수 있을 때까지 물건이나 유가증권을 점유 할 수 있는 권리를 말한다. 더 쉽게 해석하면 공사를 해주고 받지 못한 공사대금을 제 3자에게 받을 수 있도록 간접 또는 직접 점유하는 권리라고 생각하면 된다. 예전에도 이런 유치권 신고가 접수되어 진행되는 경매부동산이 꽤 있었으나 현재는 지나치게 남발하는 경향이 있다.

유치권은 인정되는 유치권, 인정되지 않는 유치권이 있다. 구별할 수 있는 방법을 살펴보자. 일반적으로 유치권은 법원 접수를 통해 해당 경매 물건의 물건명세서에 '유치권 신고'라고 기재된다.

다음(2002타경6180)은 강북지역의 43평대 아파트로 재건축이 진행되어 준공된 아파트에 유치권 신고가 되어 있는 물건이었다. 낙찰을 받고 잔금 치르기 전 여러 차례 방문을 해도 소유자와 그에 관계되는 사람을 만날 수 없었다. 결국 잔금을 납부하고 소유권이전을 한 후 방문하여보니 제 3자(세무사 사무소 직원 및 아르바이트)가 점유하고 있었다. 유치권의 경우 직, 간접 점유도 가능하며 제 3자로 하여금 점유하여 유치할 수도 있다. 이 경매사건에서 보면 유치권자는 삼성건설이다. 소유자가 삼성 건설의 공사대금을 납부하지 않은 상황에서 이 부동산이 경매가 진행되자 결국 삼성건설이 제 3자인 낙찰자에게 공사대금을 변제받으려고 점유하고 있었다. 필자는 이 사건을 진행하면서 유치권자인 삼성건설과 여러 차례 경찰서를 들락날락 거렸으며 이 과정 중 삼성건설사를 상대로 유치권부존재소송을 진행하기도 했다. 유치권부존재소송은 시간이 다소 소요된다. 최종적으로 삼성건설과 유치권금액에 대하여 조율하고 합의한 끝에 소유권 행사를 할 수 있었다. 그래도 입주를 안한 상태로 낙찰받았으니 매매 가치는 더 있었다. 때론 유치권 있는 경매물건의 경우도 과감하게 응찰하여 유치권자와 합의 하는 것도 합리적인 방법일 수 있다.

소 재 지	서울 강북구 수유동 730,-2,-3 삼성105동301호 도로명주소				
경매구분	임의(기일)	채 권 자	외환은행	낙 찰 일 시	02.11.27 (종결:03.01.28)
용 도	아파트	채무/소유자	청안공사/신○영	낙 찰 가 격	288,700,000
감 정 가	320,000,000	청 구 액	26,751,568	경매개시일	02.04.11
최 저 가	256,000,000 (80%)	토지총면적	52.88 m² (16평)	배당종기일	
입찰보증금	응찰가의 10%	건물총면적	114.78 m² (34.72평)	조 회 수 조회통계	금일1 공고후4 누적225
주의사항	·유치권				

우편번호및주소/감정서	물건번호/면적(m²)	감정가/최저가/과정	임차조사	등기권리
142-070 서울 강북구 수유동 730,-2,-3 삼성105동301호 ●감정평가서정리 - 공동주택 - 4.19탑사거리남동측 - 버스(정),수유역도보 10-15분소요 - 도시가스개별난방 - 일반주거지역 - 일반미관지구변경 입안지 - 역사문화미관지구	물건번호: 단독물건 대지 52.884/21767.5 (16평) 건물 114.78 (34.72평) (43평형) 방4,화장실2 18층-01.12.24보존 남향,계단식	감정가 320,000,000 ·대지 96,000,000 (30%) (평당 6,000,000) ·건물 224,000,000 (70%) (평당 6,451,613) 최저가 256,000,000 (80.0%) ●경매진행과정 320,000,000 ① 유찰 2002-10-02		가압류 수협중앙 쌍문동 2002.01.09 8,610,000 가압류 기술신용 강남 2002.01.09 50,000,000 가압류 기아(자) 2002.01.09 2,070,000 가압류 박○성 2002.01.09 35,000,000

2002타경6180

유치권 신고 물건에 대해 별도의 소송을 통하여 유치권이 허위라는 것을 입증할 수 있거나 유치권이 부존재한다는 확신이 있을 때에는 과감하게 응찰할 필요가 있다. 유치권자와 합의가 필요 없다. 이는 정확한 권리분석과 현장조사를 통해 가능하다. 최근 집합건물인 아파트와 빌라에 신고 된 유치권의 경우는 허위 유치권이 대부분이나 그렇다고 무조건 성립이 안 된다고 생각하여 무턱대고 응찰해서는 안 된다. 반드시 정확한 현장조사와 권리분석을 통해 확신이 들 때만 입찰하여야 한다.

유치권자의 경우 공사를 하였다고 하더라도 의외로 법적으로 유치권 성립되기는 쉽지 않다. 실제로 경매로 진행되는 아파트의 경우 소유자겸 채무자가 점유하면서 유치권 신고를 한 사례도 빈번하다. 이러한 경매물건의 등기부등본을 유심히 살펴보면 채권자인 금융기관 외에도 많은 가압류 및 압류 등이 기재되어 있다. 결국 이러한 물건에 점유하고 있는 소유자나 채무자는 법원의 감정가보다 등기부등본에 기재되어 있는 각종 제한 권리의 총 채권금액이 훨씬 초과된 경우가 많다. 즉 부동산 시세보다도 갚아야 할 빚이 더 많다는 것을 의미한다. 그런데 무슨 경제적 여유가 있어서 소유자 겸 채무자가 점유 사용하고 있는 물건에 대하여 내부 공사를 진행했겠는가? 이러한 경우는 낙찰자에게 이사비용을 많이 요구하거나 경매를 방해할 목적으로 신고하는 허위 유치권에 불과하다고 할 수 있다.

다음(2012타경4091)의 사례를 보면 소유자가 점유하고 있는데 유치권 신고가 되어 있다. 유치권 신고금액이 무려 2억 원이다. 등기부등본을 참고하여 보면 이 사건의 감정가액이 4억 5천만 원으로 평가

되었는데 등기부등본에 기재된 각종 제한권리의 총금액은 10억 원이 넘는다.

2012타경4091

2012타경4091 물건명세서

상식적으로 소유자가 어떤 경제적인 여력이 있어서 공사를 했을까하는 의문이 생기고 아파트 내부 공사를 했다하더라도 2억 원의 공사비가 추가로 발생한 근거 또한 없을 것이 분명하다. 보통 이러한 경우 실제로 공사하였을 가능성은 희박하지만 현장조사 시 아파트 관리사무소와 아래층 주민, 해당 동의 경비원에게 실제로 공사를 하였는지의 여부는 정확히 파악해 두어야 한다.

이렇게 소유자가 점유 사용하며 경매개시 결정 이후 유치권 신고가 접수된 물건의 경우는 잔금을 납부하고 소유권이전 시 소유자를 상대로 인도명령과 더불어 유치권에 대한 의견신청서를 첨부하게 되면 인도명령에 대한 인용 결정이 날 것이다. 이후 집행관사무소에 강제집행을 의뢰하여 낙찰받은 경매부동산에 직접 집행관과 대동 방문하면 사실 확인도 가능할 것이다. 명도과정에서 소유자와 대화가 안 되어 명도가 지연된다면 낙찰자가 선의의 피해를 볼 수 있다. 마지막으로 대화로 해결이 안 된다면 적법하게 법의 힘을 빌어 강제집행을 할 수 밖에 없다. 필자가 경험적으로 볼 때 소유자도 불리한 입장이기 때문에 적정 이주비용을 지급하고 잘만 합의한다면 점유자는 이주비를 지급받고 인도할 가능성이 크다.

다음(2007타경15104[1]) 사건의 경우 소유자는 없고 후순위 임차인이 점유하고 있는 경매물건이다. 유치권 신고자가 임차인으로 추정되고 임차인이 아니더라도 이 물건의 경우는 허위유치권일 가능성이 매우 높다. 건물의 전용면적이 11평 밖에 안 되는데 몇 천만 원의 공사비용이 들어갈 이유가 없다. 또한 임차인이 소액임대차보호법의 의거하여 소액임차금을 법원에서 배당받으려면 낙찰자의 인감증명서와 명도확인서(집을 비워줬다는 증명서) 그리고 인감이 날인되어 있는 증빙서류를 해당법원에 제출해야만 한다. 이때 상대적으로 불리한 임차인은 불안할 것이고 우월한 지위에 있는 낙찰자는 집을 비워줬다는 증명서를 발급해줘야 하는 장본인이기 때문에 유치권에 대하여 그리 신경 쓰지 않고 응찰해도 좋다. 이러한 경매물건의 유치권 신고자가 임차인일 경우에도 인도명령이 가능하다. 법원마다 다소 차이는 있으나 보통 이러한 경우의 유치권은 소멸가능한 것으로 판단하면 된다.

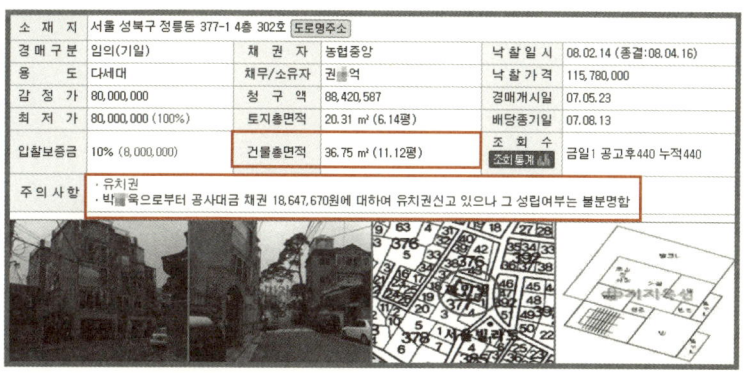

2007타경15104[1]

사건번호	2007-15104 (임의경매)			물건번호	1	작성일자	2008.02.05	
감정가/최저가		부동산표시목록 참조		최선순위 설정 일자		2003.12.29.(근저당권)		
점유자	점유부분	출처	권리	점유기간	보증금	차임	전입일자	확정일자	배당요구
박○실	302호	현황조사	임차인	미상	미상		2006.12.26.	미상	
	302호	권리신고	임차인	2006.12.27.~	2,500만원		2006.12.26.	2007.1.2.	2007.07.20
박○환	302호	현황조사	임차인	미상	미상		2006.12.26.	미상	
	302호	권리신고	임차인	2006.12.28.~	9백만원		2006.12.26.	2007.1.23.	2007.08.09
〈비고〉									
▶특기사항									
박빨옥으로부터 공사대금 채권 18,647,670원에 대하여 유치권신고 있으나 그 성립여부는 불분명함									

2007타경15104[1] 물건명세서

"유치권이 있는 물건을 눈여겨 보라."

정확한 권리 분석과 현장조사를 통해 허위유치권을 증명하라.

남의 눈에 어렵게 보이는 물건에 해답이 있다.

3대가 잘사는 Secret 5

유치권을 격파하자!

유치권이란?

::

유치권은 실질적으로 공사대금을 받지 못하여 그 채권을 변제받을 때까지 점유, 유치할 수 있는 권리라 생각하면 간단하다.
실무적으로 정리해보면 유치권은 유치권자가 점유하고 있는 부동산을 점유이탈하면 소멸되며 유치권자가 점유를 하여야만 비로소 인정이 되는 권리이다. 점유해체가 이루어지면 유치권으로서의 존재가치가 없는 것이며 최근 대법원 판례의 경우 유치권자의 간접점유도 인정하지 않는 판례(2007다27236)와 경매개시결정일 이후 점유로는 유치권이 성립할 수 없다는 판례(2008다70763)가 이를 뒷받침하고 있다.

진정한 유치권 VS 허위 유치권

::

진정한 유치권인지 허위 유치권인지의 여부는 현장조사를 통하여서도 확인이 가능하다. 보통의 경우 신고된 유치권 금액이 터무니없이 뻥튀기 된 경우가 많으므로 무조건 인정되는 유치권이라고 생각하면 안 된다.
유치권에 대한 유익비와 필요비에 대하여 여러 법적인 해석이 엇

갈리기도 하고 그에 대한 여러 판례도 있다. 그러나 그 경매 물건의 종별과 유치권 신고의 특성 등을 감안한다면 완전 해석에는 다소 어려움이 있으나 필자의 실무 경험을 다음과 같이 정리하니 참고하기 바란다.

*상가의 경우
상가 경매 물건에 유독 유치권 신고가 많이 접수되는 것을 볼 수 있다. 상가 시설비용은 사용자의 필요에 의한 것으로 건물의 가치를 객관적으로 증가 시킨 것으로 보지 않기 때문에 유익비로 보기 어렵다. 그러나 사용자의 필요라고 하더라도 건물의 가치를 객관적으로 증가시킨 리모델링 비용은 유익비로 일부 인정 받을 수 있다.

그러나 유치권을 신고하는 경우는 비용과 직결되므로 별도의 소송으로 가는 경우는 사실적으로 극히 드물다. 또한 유치권자와 별도의 소송을 통하여 적법한 유치권인지의 여부를 두고 공방을 벌이는 경우가 있는데 유치권자가 패소할 경우 유치권자가 낙찰자에게 그에 대한 손해배상에 대하여 변제할 의무도 발생한다. 결국 유치권자도 불리한 위치에 서게 될 가능성도 배제하지 못한다.

*아파트, 빌라, 다세대주택, 연립의 집합건물에 임차인이 유치권을 신고한 경우
보통 경매로 진행되는 아파트 또는 빌라, 다세대주택, 연립에 임차인이 점유하며 유치권 신고를 하는 경우가 있다. 임차인이 소유자와 임대차

계약을 체결할 때 육안으로 내부를 확인하는 것이 일반적이므로 임차인이 거주하면서 수리를 해봤자 얼마나 많이 수리를 했겠는가? 도시가스 배관이나 변기를 완전히 새것으로 교체 할 경우 어느 정도 낙찰자에게 대항할 수 있는 유치권이라 하겠지만 통상적으로 그렇게 심하게 내부공사를 하는 경우는 극히 드물다. 또한 소유자에게 승낙을 받아 공사계약서를 작성하고 특정 공사를 실시한 경우와 그에 대한 비용 지급이 확실한 경우를 제외하고는 쉽게 인정되지 않는다고 볼 수 있다. 그리고 점유 및 유치한다고 해서 반드시 인정되는 것은 아니다.

현재 법원에서는 유치권에 대한 남발로 인하여 낙찰가액이 다소 떨어지고 유찰이 되어 채권자가 손해를 보는 일들이 비일비재하여 유치권자가 적법하게 유치권 신고를 하였는지의 여부에 대해 적극적으로 대응하고 있는 추세다. 그 하나의 예로 유치권자가 법원에 유치권 신고를 하게 되면 직권으로 유치권 신고에 대한 보정명령을 하여 적법한 유치권인지의 여부를 확인 하는 경우도 있다. 이러한 유치권의 경우는 인도명령이 인용되지 않는다는 여러 견해들이 있으나 꼭 그렇지만은 않다. 필자의 경우 유치권 신고 된 경매부동산을 낙찰받은 경험 중에서도 별도의 소송을 통하지 않고 유치권자에게 인도명령을 신청하여 인용 판결을 받아 유치권신고자를 명도한 바가 여러 차례 있다. 유치권을 신고한 점유자라고 하여 무조건 낙찰자에게 대항력을 행사할 수 있는 것도 아니며 유치권자에게 신청한 인도명령이 무조건 기각되는 것도 아니다. 인도명령 신청 시 해당 경매계에 적법하게 유치권신고자에 대하여 인도명령을 인용할 수밖에 없도록 잘 기술 하여 접수하면 유치권자에 대한 인도명령도 인용 판결을 받아 강제집행을 실시할 수 있다는 점을 잊지 말자.

*유치권에 대한 제 3자의 양도(간접점유)
여러 판례가 있기는 하나 유치권은 법정 담보물이기 때문에 그 기초와 원인이 공사대금에서 비롯된 것이라 피담보채권에 대한 양도양수 계약은 이전되므로 실제로 점유를 이전 받았다면 낙찰자에게 대항할 권리가 있다고 판단된다.

- 중요한 것은 유치권은 점유만 해체된다면 인정되지 않는다고 보면 된다. 재점유의 경우 소유권에 대한 권리침해로 형사고소도 할 수 있다.
- 경매개시결정 이후에 신고된 유치권의 경우 법원에서는 인정하지 않는 분위기이며 별도의 심문기일을 지정하는 경우가 많으나 대부분의 유치권자는 참석하지 않는 경우가 많다.

소유자 점유와 임차인 점유 물건의
차이점은 알고 가자

부동산 경매는 해당 부동산에 누가 살고 있느냐에 따라 진행 과정이 달라진다. 소유자만 직접 점유하고 있는 경우와 임차인이 직접 점유하고 있는 경우의 차이는 반드시 짚고 넘어가야 한다. 소유자 점유와 임차인 점유의 가장 큰 차이점은 명도기간과 이주 비용이다. 일반적으로 전문업체(경매컨설팅 또는 경매를 전문으로 하는 중개업소)를 통해 낙찰을 받으면 필자에게 인도명령에 대한 질문을 가장 많이 한다.

낙찰받으면 인도명령 문제가 가장 먼저 대두된다. 인도명령이 빨리 인용되면 그만큼 명도가 수월해진다. 그러나 인도명령이 인용되었는데 소유자 또는 임차인에게 송달이 지연되면 명도뿐만 아니라 금융 이자 부담도 커진다. 낙찰가를 유심히 살펴보면 임차인이 점유하고 있는 물건의 낙찰금액이 다소 높고 소유자가 직접 점유하는 물건이 조금 낮음을 알 수 있다.

소유자 점유물건은 잔금을 신속하게 치러라

다음(2012타경 26948)의 사례를 보면 이해가 쉽다.

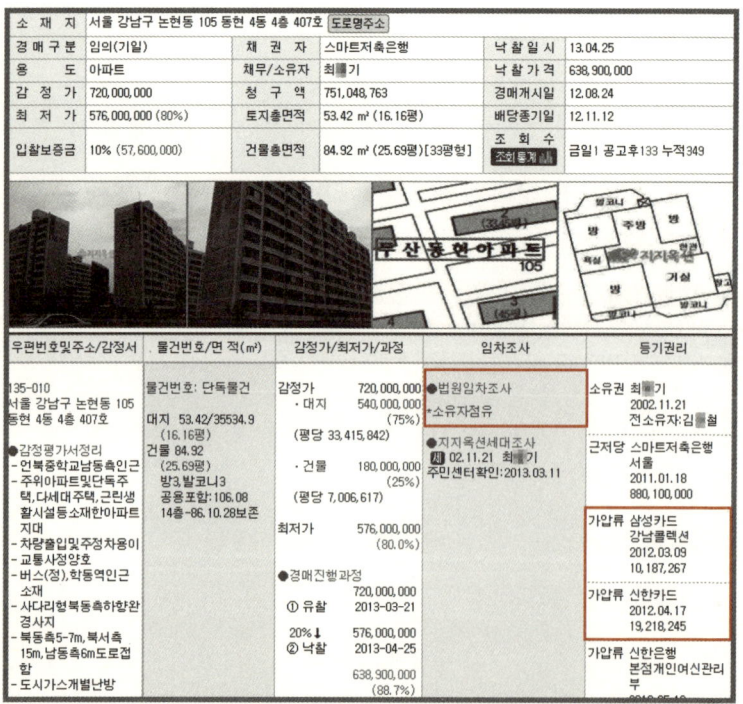

2012타경26948

2012타경26948 물건명세서

　　법원임차조사란을 보면 이 물건은 소유자만이 점유하고 있다. 별도의 임대차계약이 없다. 소유자 점유물건은 잔금을 치른 후 인도명령이 통상적으로 1주 이내에 인용된다. 인도명령이 인용되면 바로 명도를 진행할 수 있다는 것을 의미한다. 좀 더 쉽게 설명하면 낙찰받은 경매물건은 1주일(7일)의 항고기간을 거치고 그 후 1주일 경과되어야(총 2주, 14일) 대금지급기일이 결정 된다. 참고로 대금지급기일 결정문이 송달되지 않아도 대금을 지급 할 수 있다. 낙찰받고 14일 지난 후 잔금지급과 함께 소유권이전을 할 수 있다고 보면 된다. 잔금을 치르고 나면 앞서 설명했듯이 인도명령과 점유이전가처분 신청은 필수적이다. 절대 잊어서는 안 된다. 인도명령은 매우 중요하다.

　　소유자가 점유하는 경매부동산의 경우에는 낙찰자가 상대적으로 우월적 지위를 가진다. 대부분의 소유자가 상황이 매우 어려우므로 우선은 우월적 지위를 남발하지 말고 대화로 풀어나가야 한다. 하지만 이것이 여의치 않을 때에는 인도명령으로 명도문제를 해결해야 한다.

이 부동산(2012타경26948) 소유자는 2011년 1월 18일에 대출받은 대출금 이자를 연체하여 경매 당했다. 정황적으로 볼 때에 카드 돌려막기까지 한 것으로 보인다. 이런 부동산의 소유자는 정말 이주 비용도 없어 자포자기 상태에 이른 경우가 대부분이다. 거기에 아파트 관리비까지 연체되어 있기 때문에 끈질기게 낙찰자에게 매달리는 것이다. 이때는 인도명령 결정문과 송달결정문, 확정증명을 구비하여 법원의 집행관사무실에 강제집행을 신청하게 되면 법원의 집행관과 일정을 잡아 최종적으로 강제집행을 실시한다는 계고문으로 소유자를 심적으로 압박할 수 있다. 결론적으로 낙찰자는 강제집행 비용과 이주 비용 중 금액이 적은 쪽을 택하여 명도를 마무리지어야 하며 연체된 관리비도 별도로 처리해야 한다. 그러므로 소유자 점유인 부동산 명도가 임차인 점유에 비해 명도 기간은 짧은 반면 이주 비용 추가 부담이 발생하는 등의 애로사항이 더 크다.

소유자 점유 물건은 가급적 잔금을 빨리 치루는 것이 좋다. 인도명령이 잔금납부 후 1주일 내 인용이 된다는 것을 명심하자. 이 경매부동산의 경우 소유자 점유 물건이어서 명도가 빠르게 진행될 수 있었다.

임차인 점유물건은 배당기일 시점에서 인도명령 인용이 결정된다

임차인 점유의 경우는 점유하고 있는 임차인에게 인도명령을 신청해야 하는 데 소유자 점유 물건과 약간 다르다. 앞서 설명했듯이 소유자 점유 물건은 통상적으로 잔금 납부 후 일주일 이내에 인도명령이 인용된다. 그러나 임차인 점유의 경우 소유자 점유의 경매 물건과 달리 잔금을 빨리 납부한다고 해서 임차인의 인도명령 결정이 빨라지는 것은 아니다. 임차인의 배당기일이 통상적으로 잔금납부 최종일로부터 약 한달 후 결정이 되기 때문에 그 이후에나 인도명령결정이 인용된다고 보면 된다.

다음(2012타경30930)의 물건을 살펴보자.

소 재 지	서울 강남구 역삼동 761-10 대림역삼 4층 402호 도로명주소				
경매구분	강제(기일)	채 권 자	권■택	매 각 기 일	정지물건
용 도	아파트	채무/소유자	황■상	다 음 예 정	정지물건
감 정 가	640,000,000	청 구 액	112,000,000	경매개시일	12.09.25
최 저 가	640,000,000 (100%)	토지총면적	31.68 m² (9.58평)	배당종기일	12.12.10
입찰보증금	10% (64,000,000)	건물총면적	84.96 m² (25.7평) [34평형]	조 회 수 조회통계	금일1 공고후76 누적102

우편번호및주소/감정서	물건번호/면 적(㎡)	감정가/최저가/과정	임차조사	등기권리
135-080 서울 강남구 역삼동 761-10 대림역삼 4층 402호 ●감정평가서정리 - 역삼2동주민센터북서측소재 - 주위중소규모점포및근린생활시설,일부업무및상업용빌딩,금융기관,각급학교,병원,관공서및공공시설,아파트등기존주택및공동주택등혼재 - 차량출입용이	물건번호: 단독물건 대지 31.68/3456.7 (9.58평) 건물 84.96 (25.7평) 방3,화장실2,반침2,발코니2 공용면적:54.36 18층-97.11.29보존 1개동129세대 계단식	감정가 640,000,000 · 대지 384,000,000 (60%) (평당 40,083,507) · 건물 256,000,000 (40%) (평당 9,961,089) 최저가 640,000,000 (100.0%) ●경매진행과정 ①정지 2013-04-25	●법원임차조사 최■ 전입 2012.02.02 확정 2012.02.02 배당 2012.10.15 (보) 470,000,000 주거 점유기간 2012.1.13.- *4회 방문하였으나 폐문부재이고, 방문한 취지및 연락처를 남겼으나 아무런 연락이 없으므로 주민등록 전입된 세대만 임차인으로 보고함. 보증금:470,000,000	가압류 권■택 2012.01.19 112,000,000 강 제 권■택 2012.09.25 +청구액:112,000,000원 등기부채권총액 112,000,000원 열람일자 : 2013.04.10

2012타경30930

사건		2012타경30930 부동산강제경매			매각물건번호	1	담임법관(사법보좌관)		지록재
작성일자		2013.04.10			최선순위 설정일자	2012.1.19. 가압류			
부동산 및 감정평가액 최저매각가격의 표시		부동산표시목록 참조			배당요구종기	2012.12.10			
점유자의 성명	점유부분	정보출처 구분	점유의 권원	임대차 기간 (점유기간)	보증금	차임	전입신고일자, 사업자등록신청일자	확정일자	배당요구 여부 (배당요구 일자)
최○	402호	현황조사	주거 임차인	미상	미상		2012.2.2.	미상	
	402호	권리신고	주거 임차인	2012.1.13.-	470,000,000		2012.2.2.	2012.2.2.	2012.10.15

<비고>

※ 최선순위 설정일자보다 대항요건을 먼저 갖춘 주택, 상가건물 임차인의 임차보증금은 매수인에게 인수되는 경우가 발생할 수 있고, 대항력과 우선 변제권이 있는 주택, 상가건물 임차인이 배당요구를 하였으나 보증금 전액에 관하여 배당을 받지 아니한 경우에는 배당받지 못한 잔액이 매수인에게 인수되게 됨을 주의하시기 바랍니다.

2012타경30930 물건명세서

이 물건의 임차인 최○은 전입신고와 확정일자를 받고 법원에 권리신고를 하여 임차인으로서 대항력과 배당받을 수 있는 권리를 가지고 있다. 임차인 점유일 경우는 잔금 납부 전에 미리 방문하여 임차인에게 이주를 종용하는 것이 오히려 득이 된다. 임차인이 임차금을 배당받으려면 낙찰자의 ①가옥명도확인서 ②가옥명도확인서에 낙찰자의 인감도장 날인 ③낙찰자의 인감증명서가 첨부되어야만 한다. 명도가 지연되면 상대적으로 임차인이 불리할 수 있으며 낙찰자는 그에 따른 이사비용 또한 지급하지 않아도 된다. 명도 과정에서 임차인과 심하게 마찰하는 경우는 거의 없으나 거주하는 동안 여러 곳에서 송달되어 오는 우편물 등으로 스트레스가 심한 상태이므로 충분한 대화로 명도를 진행하는 것이 바람직하다.

"소유자 점유와 임차인 점유는 낙찰 이후 진행 과정이 다르다."
각 차이점을 알고 계획적으로 처리하자.

실무와 실전경험에 귀를 기울여라

인터넷을 검색해보면 부동산 경매 관련 카페와 블로그가 수없이 많다. 정보가 차고 넘친다. 그러나 정작 자신의 실전 경험이나 실무 경험이 아닌 내용이나 정보를 제공하며 홍보하는 이들도 적잖이 있음을 발견한다. 이들과 대화를 하다보면 결국 자신의 경험이 아니라는 것을 쉽게 알 수 있다.

필자는 검도를 다년간 수련했다. 검도를 하며 이런 말을 자주 한다. 무도(武道)란 단증이 전부가 아니라 진정한 실력이 중요하다고. 무도는 자신의 몸을 지키는 것이기 때문이다. 경매도 이와 유사하다. 자신의 실력과 경험만이 자신의 재산을 지키고 더 나아가 재산

증식을 가능케 하기 때문이다. 경매도 자신이 직접 낙찰을 받고 어려운 권리분석도 하고 까다로운 명도도 하며 여러 가지 다양한 경험을 거쳐야 한다. 이러한 과정을 수없이 겪으며 넘어지고 좌절을 겪어봐야 진정한 자신의 지식으로 만들 수 있다.

경매 교수님이나 경매 컨설팅에 종사하는 분들도 낙찰을 많이 받아주고 컨설팅도 하지만 실전 경험 부족의 한계에 부딪혀 구체적인 실무적인 내용을 문의해 오는 경우가 종종 있다. 특히 이른 아침과 밤늦은 시간에 문의 전화가 오는 경우가 많은데 가급적 상세히 답변을 해주려고 노력하고 있다.

껍데기만 있는
정보도 있다

대학교 부설교육기관에도 경매강좌가 무수히 많다. 전부는 아니지만 이 강좌들도 마찬가지이다. 실제로 낙찰은 받아봤는지, 명도과정을 경험해보고 매도까지 해보고 양도세도 납부해 보았는지 솔직히 의문이 들 때가 많다. 남의 것은 낙찰받아 주면서 정작 자신의 경매 수익률은 어떤지 궁금하다. 백전백승이라고 자신 있게 말하는데 실패 없는 성공이 어디 있는가? 필자뿐만 아니라 대부분의 고수들도 한두 차례 실패를 통해서 금전적인, 또 정신적인 대가를 지불하고 나서야 고수는 아니라 하더라도 어느 정도 남들이 인정하는 전문가 행세를 할 수 있었다.

경매학원 수강생들과 경매대학원 졸업생들을 자주 만나게 되는데 이들이 질문하는 내용이나 궁금한 사항들을 들어보면 간혹 깜짝깜짝 놀란다. 어느 정도의 경매 지식은 갖고 있겠지 싶었는데 정작 그렇지 않은 경우가 많기 때문이다. 솔직히 말하자면 기본적인 내용조차 모르는 상태에서 실전 경험이나 지식을 전달하려 하니 벽에 부딪혀 안타깝기도 했다. 그곳에서 배운 것이 무엇인지 오히려 물어보고 싶었다.

살아있는 내 지식을 만들어라

부동산 경매에 대한 지식을 터득할 수 있는 방법은 다음 두 가지 밖에 없다. 다른 방법과 조언도 있겠지만 이 두 가지가 핵심이다.

첫째는 부동산 경매와 공매를 정확히 배워서 직접 낙찰을 받아보는 것이다. 직접 낙찰을 받아봐야만 경매 트렌드를 파악할 수 있고 경매 진행 과정을 알 수 있다. 그래야 법원의 민사신청과 경매계에 어떻게 접수하고 신청하는지와 집행관 사무실이 어떤 일을 하는지도 알게 된다. 견물생심이다. 일단 저질러 보자. 내가 직접 물건을 검색해서 선정하고 현장조사를 하고 입찰 준비를 해봐야 한다. 필요한 서류를 준비하고 입찰 당일 긴장감도 경험해야 하며 낙찰받은 후 명도도 진행해봐야 한다. 그리고 매도를 하든 임대를 하든 수익을 내봐야 한다. 금액이 많고 적은 것을 떠나 내 돈을 투자해야 된다. 그리고 투자된 돈은 반드시 수익으로 이어져야 한다. 그리고 이러한 과정이 내 지식과 경험으로 남아 내 것이 되어야 한다. 그래야 재생산이 가능하다.

두 번째는 이 과정 중에 반드시 경험이 풍부하고 제대로 된 능력을 갖춘 전문가의 조언을 받아야 한다는 것이다. 앞서 언급했듯이 말만 화려하고 겉만 번지르르한 사람이 아닌 실전 경험이 풍부한 전문가를 선택해야 한다. 이들을 찾고 선택하는 것도 일종의 실력이다. 부지런히 정보를 찾고 비교해서 이들을 선별할 수 있는 안목을 키우자. 정말 부동산 경매에 관심이 있다면 열정적으로 부동산 강의도 듣고 경매 모임에도 참석하고 다양한 카페에도 가입하여 다양한 정보를 취합하고 조언을 구할 전문가를 찾는 노력에 힘써야한다.

부동산 경매는 분명 수익이 뒤따른다. 그러나 기다리는 사람에게는 기회가 오지 않는다. 내가 직접 발로 뛰지 않고 노력하지 않고는 아무런 열매도 거둘 수 없다. 현재의 무사안일한 생활에 안주하다 보면 이룰 수 있는 목표들이 내 인생에서 빠르게 사라진다. 현재는 금방 지나간다. 그리고 미래는 금방 찾아온다. 지금의 현실처럼 말이다. 앞으로의 미래를 설계하고 준비해야 한다. 그런 의미에서 부동산 경매는 미래를 위한 확실한 재테크 수단이라고 감히 말하고 싶다.

"직접 발로 뛰어라!"
그리고 반드시 실전경험이 풍부한 전문가의 조언에 귀 기울여라.
오늘의 수익이 재생산 될 것이다.

3장

부자경매 고수의 100% 성공하는 권리분석

3대 부자의 지름길, 권리분석!

등기부등본에 해답이 있다

경매는 등기부등본에 모든 해답이 있다고 해도 과언이 아니다. 부동산 투자와 경매 입문은 등기부등본을 보는 것에서부터 출발한다. 경매 부동산에 있어 복잡하고 어려운 권리는 등기부등본이 기초가 되며 임차인과의 순위 파악에도 매우 중요한 수단이다.

등기부등본은 3부분으로 이루어져있다

등기부등본은 표제부, 갑구, 을구로 구분되어 있다.

① 표제부는 부동산의 주소, 구조, 면적, 지목 등 해당부동산의 표시에 관한 정보들이 기재되어 있다. 또한 건축연도, 전용면적, 층과 호수, 대지면적 등이 기재되어 있는 해당 부동산의 전반부이다.

표제부를 통해 이 부동산(2012타경1680 등기부등본표제부)은 강남구 청담동에 위치한 집합건물로 좌측 접수 란의 최초 보존등기연도(생년월일로 볼 수 있다. 보통 최초 입주일은 등기연도보다 빠르다)는 1999년 11월 12일이라는 것을 알 수 있다.

2012타경1680 등기부등본표제부

② 갑구에는 소유권 관련 사항에 대한 내용과 변동사항 및 각종 권리(가압류, 압류 등)와 국가세금체납에 의한 권리도 기재되어있다.

갑구를 통해서는 이 부동산(2012타경1680 등기부등본 갑구)에 두 번의 가압류와 압류가 등기되어 있었다는 것을 알 수 있다.

2012타경1680 등기부등본 갑구

③ 을구에는 소유권 이외의 중요한 권리들이 기재되어 있다. 이 부분에서 여러 권리행사의 기본사항들을 알 수 있다. 보통 을구에는

부동산을 담보로 한 근저당권과 전세권, 임차권(임차권 설정 이후 전출을 하여도 대항력을 인정받을 수 있으며 임차금도 채권으로 분류되기도 함)등이 설정 되어 있다.

[집합건물] 서울특별시 강남구 청담동 59-21외 6필지 청담파크빌 제7층 제701호				고유번호 1146-1999-006940
【 을 구 】			(소유권 이외의 권리에 관한 사항)	
순위번호	등 기 목 적	접 수	등 기 원 인	권리자 및 기타사항
1	근저당권설정	1999년11월22일 제103298호	1999년11월22일 설정계약	채권최고액 금600,000,000원 채무자 이○석 서울 강남구 청담동 59-21 연세청담파크빌 701호 근저당권자 주식회사한빛은행 110111-0023393 서울 중구 남대문로2가 111-1 (장한평지점)
2	근저당권설정	1999년12월6일 제107214호	1999년12월6일 설정계약	채권최고액 금300,000,000원 채무자 주식회사신준 서울 동대문구 장안동 465-11 근저당권자 주식회사한빛은행 110111-0023393 서울 중구 남대문로2가 111-1 (장한평지점)
3	근저당권설정	2005년11월26일 제100593호	2005년11월25일 설정계약	채권최고액 금284,000,000원 채무자 주식회사신준 서울 강동구 명일동 312-41 근저당권자 주식회사우리은행 110111-0023393 서울 중구 회현동1가 203 (명일동지점)
4	근저당권설정	2007년1월3일 제559호	2006년12월15일 설정계약	채권최고액 금380,000,000원 채무자 주식회사신준 서울 강동구 명일동 312-41 근저당권자 국 처분청 강동세무서

2012타경1680 등기부등본 을구

을구에 관련된 권리(근저당권, 임차권, 전세권)들은 등기원인과 접수란의 접수일자들을 꼼꼼하게 살펴보아야 한다. 배당기일은 낙찰 잔금 납부 후 보통 1개월 후로 지정이 되는데 이때 앞선 순위에 따라서 배당이되므로 접수일자는 정확히 파악해야 한다. 접수 란에 기재된 날짜순으로 법원에서는 배당을 실시하기 때문에 채권자와 소유자도 세심하게 살펴보는 것이 좋다. 소유자는 잉여배당금(낙찰되고 잔금납부를 하게 되면 배당이 실시되는데 등기부등본 갑구와 을구에 기재 접수된 순서대로 배당이 되고 남는 금액)이 있을 경우 이를 배당받으므로 채무총액이 부동산 시세보다 낮을 경우 이 또한 꼼꼼히 살펴야 한다. 이처럼 부동산 등기부등본은 매우 중요하다.

단, 등기부등본에 토지별도등기가 기재되어 있을 때에는 반드시 토지등기부등본도 열람하여야 한다.

위 내용들은 등기부등본 접수순위의 중요성을 단적으로 설명할 수 있는 사례이다.

가등기와 근저당권이 같은 날짜에 설정되어 있어 응찰자가 없고 계속 유찰된 물건이다. 해당 물건의 등기부등본을 살펴보니 가등기와 근저당권 접수일자는 같은 날이었으나 가등기의 접수번호가 근저당권 설정 접수번호 이후인 것이 확인되었다. 입찰하여 시세보다 아주 낮은 가격에 낙찰받아 1억 8천만 원의 시세차익을 얻을 수 있었다. 근저당권 보다 가등기가 후순위이기 때문에 말소가 가능했기 때문이다.

"등기부등본 상 갑구와 을구의 숫자까지도 샅샅이 살펴라."
권리분석의 시작이다.

3대가 잘사는 Secret 6

등기부등본 상의 말소기준권리를 찾아라!

말소기준권리는 정해진 기준을 두고 이전 권리는 인수하고 그 이후 권리는 말소시키는 기준이 되는 권리를 말한다.

등기부등본상에 여러 가지 권리가 설정되어 있어도 말소기준권리가 되는 것은 근저당권, 저당권, 압류 및 가압류, 담보가등기, 경매기입등기이다.

이 중 최초 설정된 기준권리가 말소기준권리라 생각하면 되며 이후는 말소대상, 이전은 인수 대상이라고 보면 되나 배당을 받게 되면 인수대상에서 제외 된다.

근저당권의 경우 설정된 순서로 배당이 되며 가압류 및 압류 등은 채권액에 비례하여 안분배당 된다고 보면 된다.

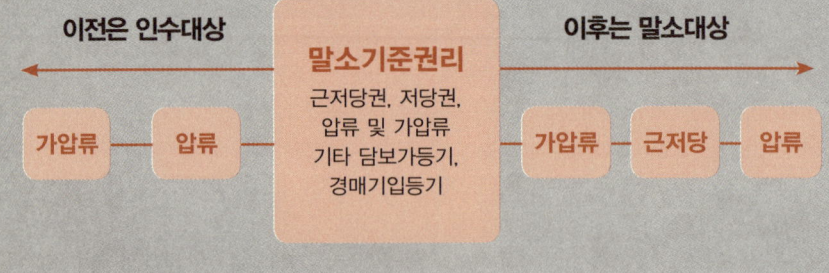

임차인 권리관계 파악

경매와 공매는 등기부등본과 더불어 임차인의 권리관계가 매우 중요하다. 낙찰자가 인수해야 하는 권리냐 아니냐에 따라 결과가 달라질 수 있기 때문이다.

임차인의 권리관계를 파악하기 위해서는 먼저 등기부등본의 을구를 살펴보아야 한다. 등기부등본의 을구에는 각종 제한권리(근저당 및 전세권, 임차권 등)가 설정되어 있다. 임차인과의 권리관계에서 중요한 요소는 최초기준권리 이전에 주민등록이 전입되었는지, 이후에 전입되었는지이다. 이에 따라 임차인의 대항력 여부가 결정되기 때문이다.

최초기준권리로 근저당권이 설정되어 있는 경우 근저당권설정일자 이전에 주민등록 전입을 마쳤다면 임차인이 대항력이 있는 것이며 이후에 주민등록전입을 하였다면 대항력이 없는 것으로 간주하면 된다. 그러나 최초기준권리(말소기준권리) 이전에 주민등록전입 및 확정일자를 교부받고 점유 및 권리신고를 하였다면 낙찰자는 두려워 할 필요가 없다.

그러나 이러한 우선순위로 주민등록전입신고를 마치고 권리신고 및 배당요구 신청을 하지 않은 임차인은 대항력이 있으므로 낙찰자가 선순위임차인의 임대차보증금 전액을 인수(대위변제)해야 한다. 이러한 이유에서 이런 물건은 여러 차례 유찰되며 임차보증금 전액을 인수할 각오를 하고 응찰해야 한다. 특히 이러한 물건에 경매 초보자들이 모르고 응찰하여 낭패를 보는 사례가 빈번하다. 이러한 물건의 경우 응찰 시 주의를 요한다. 하지만 최초기준권리 이후 주민등록전입을 마친 임차인의 경우는 낙찰자에게 인수대상이 아니기 때문에 응찰하여도 무방하다.

임차인이 대항력이 있는 경우
– 선순위임차인

다음(2011타경23706) 경매물건을 통해 임차인의 권리관계를 분석해보자. 우선 등기부등본과 경매정보를 살펴보자. 이 물건의 최초기준권리인 농협중앙회의 근저당권이

2008년 8월 11일에 설정되어 있다. 그리고 최초근저당권 설정 이전인 2008년 6월 30일에 전입신고를 마치고 확정일자도 받은 선순위 임차인 신○숙이 있다. 법원의 감정가는 440,000,000원인데 몇 회 유찰되고 낙찰되었다가 불허가 되어 다시 경매가 진행되어 최종적으로 감정가의 39.3%인 173,100,000원에 낙찰되었다. 이 물건이 여러 차례 유찰되고 낙찰되었다가 불허가까지 된 이유는 선순위로 전입된 임차인의 임차보증금 전액을 낙찰자가 인수해야 하기 때문이다. 결국 낙찰가 173,000,000원 + 임차보증금 180,000,000원을 인수(대위변제 또는 물어줘야 할 금액) 한 것이다.

병합/중복	중복:2011-30988(농협중앙)				
소 재 지	서울 성북구 정릉동 1031 정릉힐스테이트3차 311동 8층 801호 도로명주소				
경매구분	임의(기일)	채 권 자	류■회외1	낙찰일시	12.10.31 (종결:12.12.11)
용 도	아파트	채무/소유자	성■희	낙찰가격	173,100,000
감 정 가	440,000,000	청 구 액	52,500,000	경매개시일	11.08.18
최 저 가	144,179,000 (33%)	토지총면적	60.95 m² (18.44평)	배당종기일	11.11.11
입찰보증금	10% (14,417,900)	건물총면적	84.97 m² (25.7평)	조회수 조회통계	금일1 공고후432 누적2,999
주의사항	· 신■숙 : 최초임차보증금 180,000,000원(전입일자 2008.6.30, 확정일자 2008.6.30)에서 재계약시 40,000,000원(확정일자 2010.12.10) 증액하였으며, 임대차보증금 증액분에 대하여만 권리신고 및 배당요구한 것이므로 주의 요망				

우편번호및주소/감정서	물건번호/면 적(㎡)	감정가/최저가/과정	임차조사	등기권리 NPL
136-100 서울 성북구 정릉동 1031 정릉힐스테이트3차 311동 8층 801호 ●감정평가서정리 - 정릉4동주민센터북동측인근 - 주변아파트단지, 다세대주택, 근린생활시설 등소재 - 제반차량진출입가능 - 버스(정)인근,제반대중교통사정보통 - 부정형평지 - 폭약5m도로접함 - 도로접함 - 도시가스의한난방 - 도시지역 - 2종일반주거지역 - 가축사육제한구역 - 대공방어협조구역 (위탁고도77-257m) - 과밀억제권역 - 상대정화구역 2011.08.24 건일에셋감정	물건번호: 단독물건 대지 60.946/30751 (18.44평) 건물 84.97 (25.7평) 방3,화장실2 공용부분포함:157.48 10총-08.06.26보존	감정가 440,000,000 · 대지 198,000,000 (45%) (평당 10,737,527) · 건물 242,000,000 (55%) (평당 9,416,342) 최저가 144,179,000 (32.8%) ●경매진행과정 440,000,000 ① 유찰 2012-02-01 20%↓ 352,000,000 ② 유찰 2012-03-07 20%↓ 281,600,000 ③ 유찰 2012-04-04 20%↓ 225,280,000 ④ 낙찰 2012-05-09 255,500,000 (58.1%) - 응찰 : 1명 - 낙찰자:김■수 불허 2012-06-26	●법원임차조사 신■숙 전입 2008.06.30 확정 2010.12.10 배당 2011.11.09 (보) 40,000,000 주거/전부 점유기간 2008.6.30- *본건 아파트 임차인 신■숙의 진술에 의하면, 임대차보증액을 말하지 않았으나, 그 사유를 문의한바, 본건 아파트 경매에 참여하여 낙찰받을 계획이고, 타인에게 낙찰됐을 경우, 선순위 임차인으로서 임차보증금을 받을 수 있다고 함. 법원에 배당신청도 하지 않았다고 하며, 임차보증금을 오겠받을 시, 낙찰받는데 불리할 것 같아 임대차 보증금을 말할 수 없다고 거절함. 임대차 보증금 신고나 배당요구가 없음으로서 발생할 수 있는 손해에 대하여는 신■숙(임차인)이 감수하겠다고 함. 임대차보증금액을 밝히기를 거절하고 배당신청도 하지 않았다고 함. 본건 아파트를	소유권 성■희 2008.08.11 저당권 농협중앙 돈암 2008.08.11 130,000,000 저당권 농협중앙 돈암 2008.08.11 84,000,000 저당권 류■회외1 2010.07.09 52,500,000 임 의 류■회외1 2011.08.18 *청구액:52,500,000원 등기부채권총액 266,500,000원 열람일자 : 2011.09.09

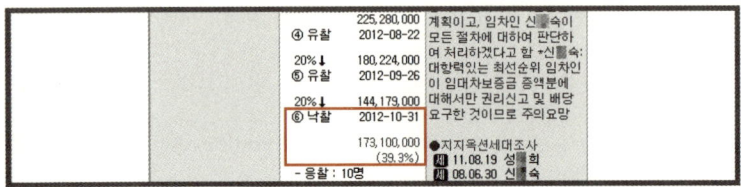

2011타경23706

　이 사건의 경우 낙찰가는 173,000,000원이지만 대위변제한 대항력 있는 임차인의 임차보증금 전액을 변제하였으므로 취득원가가 353,000,000원인 셈이다. 이런 경우 낙찰자가 대위변제 했다는 증거를 필히 보관하여야 추후 양도세 절감이라도 할 수 있다.

2011타경23706 등기부등본

임차인이 대항력이 없는 경우 ①

　다음(2011타경25017)의 경우 최초

말소기준권리 2005년 5월 4일 하나은행보다 선순위로 전입신고를 한 전입자 정○은이 있지만 이 2003년 5월 16일 임차인의 임대보증금은 인수권리가 아니다. 법원의 물건명세서에도 기록되어 있듯이 소유자의 자녀인 경우 임대차 계약이 성립이 안 되기 때문이다. 이러한 경우 말소기준권리인 2005년 5월 4일 하나은행보다 먼저 주민등록전입을 하였다 하더라도 낙찰자가 인수하거나 낙찰자에게 대항할 수 없다. 법원의 인도명령만으로도 명도가 가능한 사건으로 안심하고 응찰해도 무방하다.

임차인이 대항력이 없는 경우 ②

다음 사건(2012타경20412)의 경우 최초말소기준권리인 국민은행의 근저당권 설정일인 2006년 2월 7일 이후에 전입신고를 마친 임차인 김○수는 후순위임차인이며 소액임차인이다. 후순위임차임이므로 대항력이 없다. 따라서 임차인의 임차금 15,000,000원은 낙찰자가 인수하지 않는다. 낙찰자가 인수할 금액이 없기 때문에 안심하고 응찰할 수 있는 경매물건이라고 보면 되며 잔금지급시 임차인에 대한 인도명령과 점유이전가처분금지 신청만 하면 안심하고 무혈 입성할 수 있는 일반적인 경매물건이다.

우편번호및주소/감정서	물건번호/면적(㎡)	감정가/최저가/과정	임차조사	등기권리
446-913 경기 용인시 기흥구 보정동 885-1 성호샤인힐즈 105동 9층 902호 ●감정평가서정리 - 상현초교남서측인근 - 부근골프장,공동주택,학교,공원,농경지등산재 - 차량접근용이 - 43번국도근거리북서측 통과, 신갈IC남동측 2km위치 - 제반대중교통사정보통 - 동측하향환경사의사다리형토지 - 북동측진출입해외곽공도접함 - 도시가스개별난방 - 자연녹지지역	물건번호: 단독물건 대지 107.365/2069 (32.48평) 건물 84.983 (25.71평) 10층-06.01.26보존	감정가 300,000,000 · 대지 50,000,000 (16.67%) (평당 1,539,409) · 건물 250,000,000 (83.33%) (평당 9,723,843) 최저가 240,000,000 (80.0%) ●경매진행과정 300,000,000 ① 유찰 2013-04-17 20%↓ 240,000,000 ② 낙찰 2013-05-15 265,870,000 (88.6%) - 응찰: 10명	●법원임차조사 김○수 전입 2011.10.25 확정 2011.08.24 배당 2012.06.08 (보) 150,000,000 주거/전부 점유기간 2011.10.19.-2013.1.0.19. *폐문부재로 임대차 관계가 미상이나, 관할 주민센터에 전입세대를 열람한 바 임차인으로 추정되는 전입신고된 자가 있었음 총보증금:150,000,000 ●지지옥션세대조사 전 11.10.25 김○수 주민센터확인:2013.04.08	소유권 박○호 2006.02.07 전소유자:오○천 근저당 국민은행 대출실행센터 2006.02.07 130,800,000 가압류 하나로저축은행 2011.10.19 583,802,607 임 의 국민은행 여신관리집중센터 2012.04.24 *청구액:114,777,029원 압 류 용인세무서 2013.03.27 등기부채권총액 714,602,607원

2012타경20412

매각불허가 신청 방법

　경매로 낙찰을 받았는데도 불구하고 대금지급기간이 결정이 안 되어 대금을 지급하지 못하는 경우가 종종 발생한다. 채무자겸 소유자의 즉시항고, 재항고 시에는 대금지급기일이 결정되지 않아 입찰보증금은 묶여있고 낙찰 잔금은 지급하지 못하게 되는 속수무책의 상황이 된다. 채무자 겸 소유자가 자신의 부동산을 지키려 안간힘을 쓰게 되면 법원에서도 즉시항고와 재항고를 받아들일 수밖에 없다. 물론 재항고의 경우 10% 보증금을 예납하게 되며 즉시항고에 대한 보정도 하라고 권고하기는 한다. 채무자 겸 소유자가 항고하는 목적은 두 가지 중 하나다. 하나는 금융권을 활용하여 뒤늦게 경매를 취하시키려고 하는 목적과 또 다른 목적은 시간을 벌어

매매를 시도하려는 것이다.

이와 같은 경우는 낙찰자가 선의의 피해를 보게 되므로 입찰시 등기부등본을 검토하고 감정가 대비 등기부등본상의 채권최고액을 확인하여야 한다. 채권최고액이 감정가를 초과한 경우는 즉시항고, 재항고 확률이 거의 없다고 보면 된다. 소유자나 채무자도 별다른 방법이 없기 때문이다.

그러나 이와 다르게 최근에는 경매가 진행되어 낙찰을 받은 후 소유자겸 채무자의 개인회생 또는 개인파산 신청이 법원에 접수되어서 낙찰자가 선의의 피해를 보게 되는 경우도 있었다. 소유자 겸 채무자가 개인회생 신청을 하게 되면 법원에서는 대금지급기일결정이 안되어 대금지급기일을 선고할 수 없기 때문이다. 이런 경우 낙찰자는 보통 6개월에서 1년 동안 대금지급을 못하게 된다.

아파트를 낙찰받았을 경우 처음 응찰하기 전 아파트 관리비를 조사한 결과 소유자겸 채무자가 아파트 관리비를 연체하였다면 경매가 진행되는 과정에서도 연체할 확률이 높다. 낙찰자는 대금지급기일이 결정이 안 되고 소유자 겸 채무자는 계속적으로 아파트 관리비를 연체하게 된다고 가정해 보자. 그러면 그 관리비 및 연체료에 대하여 처음 입찰할 당시보다 낙찰자의 부담이 증가될 수밖에 없다. 그러나 이러한 경우에도 법원에서는 낙찰자에게 직권으로 매각불허가 또는 매각허가 취소를 결정하지 않는다. 결국 낙찰자는 그 부담을 고스란히 떠 않을 수 밖에 없다.

　그러나 조금만 생각을 깊이하면 낙찰받은 해당법원에 매각허가취소신청을 하여 충분히 입찰보증금을 환급 받을 수 있다는 것을 잊지 말자. 경매법원에서는 낙찰자를 최대한 보호하려는 움직임이 일고 있다. 그에 대한 적법한 사유를 기재하고 관련법규를 기재하여 법원에 정식적으로 신청을 하게 되면 낙찰자는 보호받을 수 있는 권리가 생긴다. 그러나 터무니없이 감정가가 너무 높거나 낮다는 사유로 법원에 신청하게 되면 도리어 기각을 당하게 되니 너무 남발 하여서는 절대 안 된다.

　다음(2011타경24311)같은 경우는 소유자겸 채무자의 개인회생 신청으로 인하여 2012년 4월 9일 낙찰이 되었으나 2012년 4월 16일 매각허가 결정이 된 이후에 집행이 정지되고 대금지급기일의 결정이 지연된 사례이다. 낙찰자가 낙찰받은 당일 법원에 공탁한 입찰보증금도 장기적으로 환급받지 못하였던 사건이었다.
　이러한 사건에서 낙찰자가 생각지도 못한 사유로 인하여 선의의 피해를 보았기 때문에 해당법원에 매각허가취소신청을 접수하여 매각허가취소 결정을 받았다. 결국 낙찰자가 희망하는 매각허가취소도 되었고 입찰보증금도 환급받을 수 있었던 경매사건이었다.

우편번호및주소/감정서	물건번호/면 적(㎡)	감정가/최저가/과정	임차조사	등기권리
462-240 경기 성남시 중원구 금광동 2450-1 황송마을 105동 12층 1203호 ● 감정평가서정리 - 신구대학교남측인근위치 - 주위아파트,상가등각종근린시설,후면주택지등혼재한주택및상가혼용지대 - 제반차량진.출입용이,대중교통사정무난 - 인근시내버스(정)소재 - 북서측하향부정형완경사지 - 진입도로통해출입가능하며단지외곽으로도로개설되있음 - 대로2류(30~35m집산도로)접함 - 중로1류(20~25m보조간선도로)저촉 - 중로2류(15~20m보조간선도로)접함 - 소로2류(8~10m)접함 - 도시가스난방	물건번호: 단독물건 대지 34.4733/34220 (10.43평) 건물 49.98 (15.12평) 방2,공용:18.2058 15층-94.12.30보존	감정가 180,000,000 • 대지 54,000,000 (30%) (평당 5,177,373) • 건물 126,000,000 (70%) (평당 8,333,333) 최저가 144,000,000 (80.0%) ● 경매진행과정 180,000,000 ① 유찰 2012-03-12 20%↓ 144,000,000 ② 낙찰 2012-04-09 157,700,000 (87.6%) - 응찰 : 4명 - 낙찰자:김■아 - 2위응찰액: 153,300,000 허가 2012-04-16	● 법원임차조사 • 소유자점유. 거주자가 폐문부재하여 주민센터에서 전입세대열람한바 채무자겸소유자외 다른전입세대가없음 ● 지지옥션세대조사 전 09.03.04 송■호 주민센터확인:2012.03.16	소유권 김■회 2009.02.23 전소유자:김■규 저당권 HK상호저축 2010.08.05 206,700,000 임 의 HK저축은행 채권관리3팀 2011.12.01 *청구액:167,917,190원 등기부채권총액 206,700,000 열람일자 : 2011.12.20

2011타경24311

문건처리내역

접수일	접수내역	결과
2011.12.05	등기소 수원지방법원 성남지원 등기과 등기필증 제출	
2011.12.14	기타 집행관 홍※※ 현황조사서 제출	
2011.12.21	기타 주)제일감정평가법인 감정평가서 제출	
2011.12.27	채권자 주식회사 에이치케이아상호저축은행(변경전:주식회사에이치케이아상호저축은행) 열람및복사신청 제출	
2012.01.31	배당요구권자 케이제이아이대부금융 권리신고및배당요구신청 제출	
2012.02.03	교부권자 성남시중원구청장 교부청구 제출	
2012.02.03	교부권자 국민건강보험 성남복지지사 교부청구 제출	
2012.03.06	채권자 주식회사 에이치케이저축은행(변경전:주식회사에이치케이상호저축은행) 열람및복사신청 제출	
2012.04.16	최고가매수인 열람및복사신청 제출	
2012.04.18	채무자겸소유자 김■희 집행정지신청 제출	
2012.04.18	최고가매수인 매각허가결정등본	
2012.05.03	최고가매수인 열람및복사신청 제출	
2012.06.25	최고가매수인 열람및복사신청 제출	
2013.03.07	최고가매수신고인 매각허가 취소 제출	

2011타경24311 문건처리내역

경매로 진행되는 해당부동산의 천재지변 또는 해당부동산의 심각한 훼손으로 인하여 낙찰자가 피해를 입을 경우를 제외하고는 낙찰자의 매각불허가신청은 매우 어렵다. 이는 채권자의 채권회수에도 지장이 있으며 기타 이해관계인에게도 피해가 우려되기 때문이기도 하다.

그러나 의외의 경우도 있다. 필자가 낙찰받은 물건에 대하여 매각허가 기간 중 뜻밖의 감당하기 어려운 권리가 발생되게 되는 경우가 종종 있다. 이럴 때 법원에서 직권으로 불허가 결정을 하는 경우도 있지만, 그렇지 않을 경우 필자는 즉시항고를 한 후 그에 대한 적법한 사유를 들어 법원에 소장을 접수한다. 참고로 현재 법원 경매의 경우 사법보좌관 제도로 운영 되고 있다. 그러한 문서는 해당 경매계 또는 민사신청과에 접수하면 된다.

❖ **매각불허가 가능한 사유**

1. 입찰 후 천재지변 또는 낙찰자가 감당할 수 없는 사유로 부동산이 심각하게 훼손 되었을 때
2. 기타 권리변동 사항이 있는 경우와 물건명세서에 유치권 신고가 접수된 경우도 해당됨
3. 법원의 착오로 인해 물건명세서에 잘못 기재했거나 입찰절차가 적법하게 진행되지 않았을 때
4. 경매개시결정이 채무자에게 송달되지 않고 진행된 경우
5. 매각조건이 변동 된 경우
6. 집행정지결정 정본이 제출이 된 경우
7. 기타 송달 문제로 인한 사유 등

이와 같이 경매를 통해 선의의 피해가 우려된다면 그에 대한 적법한 사례를 작성하여 해당법원에 즉시항고 또는 매각불허가신청도 할 수 있다.

가등기, 예고등기 **활용법**

선순위가등기, 예고등기가 설정된 물건들이 종종 입찰에 붙여지는 경우가 있다. 이런 경매물건들은 초보자들이 접근하기가 쉽지 않다. 낙찰자에게 인수되는 권리를 제대로 파악하지 못하고 낙찰받았거나 낙찰 후 소유권 이전에 걸림돌이 되는 권리를 제대로 파악하지 못해서 낙찰 잔금을 납부하지 못하는 사례가 종종 발생한다. 이때 입찰 보증금은 고스란히 날리게 된다. 돈 벌려고 경매에 뛰어들었다가 돈 잃고 나오는 형국이 된다. 경매 초보자들이 어느 정도 경매 공부했다고 자신감에 넘쳐서 잘못 덤벼들어 낭패를 보는 경우가 허다하므로 주의해야 한다.

가등기는
예비등기이다

　　　　　　　　가등기는 본등기의 순위 보전을 위하여 '미리 예비하여' 등기부등본에 기재해 놓는 권리이다. 담보가등기와 소유권에 기한 매매예약가등기로 나누어진다. 담보가등기는 채권의 보전을 목적으로 한다. 이는 금전을 대여하고 채권담보의 목적을 위해 가등기의 형식을 이용한 것으로 담보권에 준하는 실체법적 효력이 있다. 부동산을 담보로 금전을 대여한 경우에서 많이 볼 수 있다. 가등기의 효력은 등기부등본 상에 기재된 형식이 아니라 설정 목적에 따라 결정된다. 순위를 보전하기 위하여 등기부등본에 기재되어 있을지라도 실질적 내용이 부동산 담보 목적의 가등기여야 담보가등기로 인정된다는 뜻이다.

　　매매예약을 위한 매매예약가등기도 많이 활용되고 있다. 매매예약가등기는 글자 그대로 부동산매매를 원인으로 하는 가등기를 의미한다. 매매예약가등기의 소멸시효기간은 가등기가 되어 있는 상태를 기준으로 10년이 경과하면 소멸된다. 그 예약이 성립된 날부터 10년 이내에 행사하지 않으면 예약완결권은 제척기간의 경과로 보아 소멸한다고 봐야 한다.

　　선순위가등기라고 해서 무조건 말소가 안 되는 것은 아니다. 법원경매에서 보면 선순위가등기일 경우 가등기권자에게 보통 문서로

통지를 한다. 등기부등본 상 순위에 의해서 배당이 되기 때문에 확인을 하게 된다. 법원의 문건 접수란을 살펴보아 선순위가등기 권리자가 '배당요구'를 하였다면 이는 '담보가등기'이기 때문에 말소된다. 따라서 낙찰자 인수권리가 아니라고 보아도 무방하다.

그러나 매매예약가등기의 경우는 유심히 살펴보아야 한다. 가등기가 '말소기준권리 이후'의 가등기면 '말소가 가능'하지만 선순위가등기의 경우는 말소되지 않는 가등기도 있기 때문이다. 선순위가등기권자가 본등기를 하였다 하더라도 인수되는 경우가 있으니 유심히 살펴보아야 한다. 그러나 선순위가등기권자가 본등기를 하였을 경우(가등기에 의한 본등기) 그 뒤에 따라오는 모든 권리는 말소 및 소멸 된다고 보면 된다.

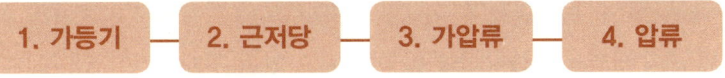

1번 가등기 이후 설정된 2, 3, 4번의 권리는 가등기권리자가 본등기를 경료하게 되면 '소멸', '말소' 대상이 된다.

이렇게 가등기 권리 이후에 또 다른 권리(근저당, 압류, 가압류 등)가 등기부에 기재될 것을 예상하여 일부에서는 금전을 대여받거나 국가의 각종 세금이 체납되어 소유권 행사에 지장을 초래하거나 변제하지 못할 경우를 대비하여 이러한 점을 악용하는 사례도 빈번하다.(가등기권리자가 본등기를 할 경우 가등기 이후의 모든 권리는 소멸, 말소된다)

예고등기는 제 3자의 피해예방을 위한 안전장치이다

경매에서 응찰자가 많은 물건 중의 하나가 예고등기 설정 부동산이다. 예고등기를 간단히 요약을 하자면 소송 진행 중인 부동산을 제 3자에게 알리기 위하여 법원에서는 소송의 진행사항을 등기부에 기재해 피해를 예방하기 위해 직권으로 등기 촉탁해놓는 안전장치라고 보면 된다.

그런데 경매 입찰에서는 이미 소송이 끝난 예고등기의 등장도 있고 근저당권에 관하여 소송이 진행되고 있는 경매물건이 입찰에 붙여지는 경우가 있어 일반인들이 꺼리는 물건들이다. 선순위예고등기가 왠지 낯설고 찜찜하지만 올바르게 이해하면 그리 어려운 권리도 아니다. 오히려 이런 물건에서 숨은 고수들이 큰 수익을 올리고 있음을 잊지 말자.

예고등기의 경우 원고와 피고가 소송으로 다툼이 벌어질 때 판결 결과에 따라 소유권이전이 가능한 심플한 경매물건도 있지만 소유권 취득 후 소유권을 박탈당하는 경우도 있다. 그러나 근저당말소 예고등기일 경우는 판결 결과와 상관없이 잔금을 납부하여 소유권을 취득할 수 있다. 소유권에 기해 예고등기를 하여 예고등기를 신청한 원고가 승소할 경우 잔금을 지급하고 난 이후 이해관계인과 서류상 소유자가 아닌 자에게 배당이 될 수도 있다. 이런 경우에 낙찰자는 즉시항고 또는 불허가 신청도 가능하며 배당된 배당자(채권자와 이해관계인)들에게 '부당이득 반환청구소송'으로 배당된 금액에 대해 가압류하여 별도의 소송을 진행할 수도 있다. 소유권 말소예고등기의 경우는 이러한 일들이 발생할 가능성도 배제하지 못하지만, 저당권 말소예고등기의 경우 경매 낙찰로 인하여 낙찰자에게 인수되는 권리도 없기 때문에 잔금지급을 하여 소유권을 취득하는 것에 전혀 무리가 없는 경우가 대부분이다.

선순위 매매계약에 의한 예고등기는 법원의 물건명세서에 기록되어 있으며 대법원홈페이지(http://www.scourt.go.kr)에 접속하여 등기부등본의 예고등기 사건번호를 조회하면 해당사건의 소송 과정과 결과를 확인할 수 있다.

우편번호및주소/감정서	물건번호/면적(㎡)	감정가/최저가/과정	임차조사	등기권리

152-090
서울 구로구 개봉동 472
두산 102동 25층 2503호
●감정평가서정리
- 철근콘크리트벽돌조
  슬래브(경사)
- 한영신학대학교남동
  측인근
- 버스정류장소재
- 도시가스난
- (취하)
감정평가액
  대지:57,000,000원
  건물:133,000,000원
02.10.14 대화감정
	물건번호: 단독물건
	대지 26.29/15383.7
	(7.95평)
	건물 84.96
	(25.7평)
	(32평형)
	방3,옥실겸화장실2
	28층-97.10.11보존
	2005.6월까지2002-
	16627로진행
		감정가 190,000,000
		·대지 57,000,000
		(30%)
		(평당 7,169,811)
		·건물 133,000,000
		(70%)
		(평당 5,175,097)
		최저가 152,000,000
		(80.0%)
		●경매진행과정
		190,000,000
		① 유찰 2005-04-06
		20%↓ 152,000,000
		② 변경 2005-05-10
		152,000,000
		② 낙찰 2005-06-14
		171,000,000
			●법원임차조사
			조○길 전입 2000.10.17
			(보) 90,000,000
			전부
			총보증금:90,000,000
				소유권 홍○자
				1997.10.11
				저당권 국민은행
				1997.11.05
				32,500,000
				저당권 오○애
				2002.01.31
				70,000,000
				가압류 외환카드
				강북채권팀
				2002.05.15
				31,800,000
				임 의 오○애
				2002.10.14
				예고등 남부지원
				기 2003.02.03
				(오○애저당권말소
				예고등기)

2004타경42064 예고등기

순위번호	등기목적	접 수	등기원인	권리자 및 기타사항
				서울 구로구 개봉동 472 두산아파트 102-2503 근저당권자 한국주택은행 111235-0001908 서울 영등포구 여의도동 36-3 (강남역지점)
1-1	1번근저당권이전	2004년6월10일 제42422호	2001년11월1일 회사합병	근저당권자 주식회사국민은행 110111-2365321 서울 중구 남대문로2가 9-1
2 (전 2)	근저당권설정	1997년12월12일 제81406호	1997년12월12일 설정계약	채권최고액 금36,000,000원정 채무자 홍○자 서울 구로구 개봉동 472 두산아파트 102-2503 근저당권자 (주)국민은행 110111-0015655 서울 중구 남대문로2가 9-1 (논현역지점) 부동산등기법시행규칙부칙 제3조 제1항의 규정에 의하여 1번 내지 2번 등기를 1998년 06월 11일 전산이기
3	2번근저당권설정등기말소	2000년9월26일 제68097호	2000년9월26일 해지	
4	근저당권설정	2002년1월31일 제10449호	2002년1월31일 설정계약	채권최고액 금70,000,000원 채무자 홍○자 인천 부평구 부평동 182-46 근저당권자 오○애 501220-2****** 서울 강남구 청담동 134 동산아파트 101-511
5	4번근저당권말소예고등기	2003년2월3일 제7882호	2003년1월21일 서울지방법원남부지원애	

2004타경42064 등기부등본상 예고등기

위 사건(2004타경42064)은 저당권자 간의 예고등기 소송의 사례이다. 낙찰자에게 피해가 없으며 잔금을 납부하고 소유권을 취득할 수 있는 물건이다.

사건번호	2004-30553 (임의경매)			물건번호	1	작성일자	2006.12.04	
점유자	점유부분	출처	권리	점유기간	보증금	차임	전입일자 확정일자	배당요구
영광농업협동조합	1층 101호중 서쪽 88.25평방미터	등기부등본	전세권자	존속기간:2005.03.10. 까지	2억원		등기접수일:2003.03.12.	
		권리신고	전세권자		금 2억원			2004.10.08
영광농협 김윤일	101호	현황조사	임차인		2억원			
<비고>								

▶ 특기사항
- 등기부상 예고등기는 이 사건 신청채권자의 근저당권의 효력에 영향을 미치지 못함.예고등기권자의 원인무효주장은 제1심(서울중앙지법2004가합15794)에서 배척되었음
- 토지별도등기가 있으나,그것은 이 사건 경매신청채권자의 제1순위근저당권자임

2004타경30553 예고등기 표시된 물건명세서

또한 위 사건(2004타경30553)과 같이 법원의 물건명세서에는 경매진행시 응찰자가 참고할 수 있도록 예고등기가 기록되어 있으므로 반드시 확인하자.

대지권 미등기는 두려워 말자

경매와 공매의 경우 대지권 미등기 물건이 상당히 많다. 그러나 집합 건물의 경우 대지권 미등기라 하더라도 큰 문제가 되지 않는다. 걱정 말고 입찰에 참여하자. 대지권 취득 경로는 다양하므로 사례를 통해 확인해보자.

대지권 미등기 아파트를 예로 들어보자. 통상 재건축, 재개발로 인하여 공사가 진행되어 집합건물인 아파트로 준공된다. 아파트는 준공등기가 완료되어야 입주를 시작할 수 있다. 이때 토지등기는 입주가 완료된 후 별도로 집단적으로 하는 경우가 대부분이다. 그렇기 때문에 입주를 하고 대지권등기가 미완료인 상태에서도 여러 차례 매도할 수 있다. 그러나 대지권등기는 추후에 이루어진다. 이렇게 대지권등기가 완료되지 않은 상태에서 경매가 진행되면 법원의 물건명세서에는 대지권 미등기라고 기재하게 되어 있다.

따라서 대지권이 미등기라고 해서 문제가 되는 경우는 거의 없다고 보면 된다. 먼저 법원의 감정평가서에 대지권까지 포함하여 감정평가가 되어 있다면 추후 대지권등기를 할 수 있으며 소유권을 행사하는 데에 큰 문제가 없다. 대지권까지 감정평가에 포함되어 있으면 당연히 대지권을 취득하였다 할 것이고 등기 의무자는 최초 분양자이기 때문에 분양자가 협조해주면 쉽게 대지권등기가 가능할 것이다.

다음 사건(2012타경29013)을 보면 주의사항에 '대지권 미등기'라고 기재되어 있으며 법원 물건명세서세의 비고란에도 '대지권 미등기이나 감정가격에 토지가격 포함되고 경기도시공사의 2013.1.4.자 사실조회회신에 따르면 소유자가 분양대금을 2007.5.3. 완납하였음'이라고 기재되어 있다. 소유자는 재개발 또는 재건축으로 인하여 발생하는 추가 분담금 전체를 지급하고 이 사건의 아파트를 취득한 것이다. 이러한 경우는 잔금납부 후 토지와 건물 각각 소유권 이전등기 절차를 거쳐 충분히 토지지분에 대한 소유권을 취득 할 수 있다. 또한 최초 분양 등기자를 찾아서 분양계약서를 첨부하여 대지권 등기를 마칠 수 있다.

소 재 지	경기 용인시 기흥구 동백동 572 호수마을 자연앤데시앙 1703동 8층 801호 [동백8로 9]				
경매구분	임의(기일)	채 권 자	SC은행	낙찰일시	13.05.21
용 도	아파트	채무/소유자	이■국	낙찰가격	253,900,000
감 정 가	310,000,000	청 구 액	282,540,821	경매개시일	12.06.12
최 저 가	198,400,000 (64%)	토지총면적	0 m² (0평)	배당종기일	12.09.04
입찰보증금	10% (19,840,000)	건물총면적	84.98 m² (25.71평) [33평형]	조 회 수	금일2 공고후134 누적411
주 의 사 항	• 대지권미등기 • 대지권 미등기이나 감정가격에 토지가격포함되고, 경기도시공사의 2013.1.4.자 사실조회신에 따르면 소유자가 분양대금을 2007.5.3 완납하였음				

우편번호및주소/감정서	물건번호/면 적(m²)	감정가/최저가/과정	임차조사	등기권리
446-911 경기 용인시 기흥구 동백동 572 호수마을 자연앤데시앙 1703동 8층 801호 [동백8로 9] ●감정평가서정리 - 경기도시공사의 2013.1.4자사실조회	물건번호: 단독물건 대지 대지권미등기 건물 84.9791 (25.71평) 21층-06.08.30보존	감정가 310,000,000 • 대지 78,000,000 (25.16%) • 건물 232,000,000 (74.84%) (평당 9,023,726) 최저가 198,400,000 (64.0%)	●법원임차조사 임특성 전입 2007.11.28 확정 2011.02.09 배당 2012.09.04 (보) 110,000,000 주거/전부 점유기간 2011.2.8.-2012.2.7 주서서상점유:	소유권 이■국 2007.05.03 전소유자:경기지방 공사 근저당 한국자산관리공사 경기지역 2007.05.03 331,200,000

2012타경29013

사건	2012타경29013 부동산임의경매	매각물건번호	1	담임법관(사법보좌관)	박론의
작성일자	2013.05.07	최선순위 설정일자	2007.5.3. 근저당권		
부동산 및 감정평가액 최저매각가격의 표시	부동산표시목록 참조	배당요구종기	2012.09.04		

점유자의 성명	점유부분	정보출처 구분	점유의 권원	임대차 기간 (점유기간)	보증금	차임	전입신고일자. 사업자등록신 청일자	확정일자	배당요구 여부 (배당요구 일자)
임특성	전부	현황조사	주거 임차인	2010.02.05.- 2012.02.05	110,000,000		2007.11.28.		
	전체	권리신고	주거 임차인	2011.2.8.- 2012.2.7.	110,000,000		2007.11.28.	2011.2.9.	2012.09.04

<비고>
※ 최선순위 설정일자보다 대항요건을 먼저 갖춘 주택.상가건물 임차인의 임차보증금은 매수인에게 인수되는 경우가 발생할 수 있고, 대항력과 우선 변제권이 있는 주택.상가건물 임차인이 배당요구를 하였으나 보증금 전액에 관하여 배당을 받지 아니한 경우에는 배당받지 못한 잔액이 매수인에게 인수되게 됨을 주의하시기 바랍니다.
※ 등기된 부동산에 관한 권리 또는 가처분으로 매각허가에 의하여 그 효력이 소멸되지 아니하는 것
해당사항 없음
※ 매각에 의하여 설정된 것으로 보는 지상권의 개요
해당사항 없음
※ 비고란
대지권 미등기이나 감정가격에 토지가격포함됨. 경기도시공사의 2013.1.4.자 사실조회신에 따르면 소유자가 분양대금을 2007.5.3 완납하였음

2012타경29013 대지권 미등기 기재 물건명세서

다음(2010타경7397)의 경우 또한 법원의 물건명세세에 '대지권 미등기'가 기재되어 있다. 비고란을 확인해 보면 '대지권 미등기이며 최저매각가격에 대지권가격이 포함됨-소유자의 대지권 취득여부 불분명하며, 매수인이 대지권가격을 부담할 가능성이 있음'이라고 표

소 재 지	서울 송파구 거여동 291 거여2단지효성 205동 1층 101호 도로명주소				
경 매 구 분	임의(기일)	채 권 자	솔로몬상호저축	낙 찰 일 시	11.03.14 (종결:11.05.27)
용 도	아파트	채무/소유자	설OO	낙 찰 가 격	543,400,000
감 정 가	760,000,000	청 구 액	1,110,340,076	경매개시일	10.05.24
최 저 가	486,400,000 (64%)	토지총면적	0 m² (0평)	배당종기일	10.08.04
입찰보증금	10% (48,640,000)	건물총면적	134.88 m² (40.8평) [48평형]	조 회 수 조회통계	금일1 공고후288 누적505
주의사항	- 대지권미등기 - 대지권 미등기이며, 최저매각가격에 대지권가격이 포함됨 - 소유자의 대지권 취득여부 불분명하며, 매수인이 대지권가격을 부담할 가능성이 있음(대지권 감정평가액 319,200,000원)				

2010타경7397

2010타경7397 대지권 미등기 기재 물건명세서

기되어 있다. 이러한 경우 입찰자 입장에서는 고민이 될 수밖에 없다. '대지권 가격을 부담 할 가능성이 있음' 이라고 기재되어 있으니 경매 초보자들은 겁이 나서 입찰할 수도 없을 것이다.

그러나 걱정할 필요가 없다. 대지권 가격을 부담하지 않아도 된다. 2006년 6월 14일 하나은행에서 최초저당권 설정을 한 이유는 소유자가 분담금 전체를 납부하였기 때문에 대출을 실행한 것이다. 소유자는 대지권 등기만 하지 않은 것이다. 분담금 전체를 납부하였기 때문에 대지권은 찾아올 수 있다. 이 경우 등기부등본을 통해 이 아파트를 분양하기 전 공사를 진행했던 최초 분양 등기자를 확인할 수 있다. 최초 분양 등기자를 찾아서 분양계약서를 발급 받은 후 대지권변경 등기청구의 소를 통하여 대지권을 취득할 수 있다. 결국 분양자를 상대로 하여 대지권 변경등기 절차를 이행하면 된다.(대법원 1995.6.16. 선고 94누 11019 판결참조)

다가구주택, 근린주택 권리분석

경매물건 중에서도 다가구주택과 근린주택은 굉장히 매력이 있는 물건이다. 경매로 나오는 일반주택과 다가구주택, 근린주택은 품귀 현상까지도 빚고 있다.

다가구주택과 근린주택은 경매로 낙찰받으면 ① 금융권 대출도 넉넉히 받아 활용할 수 있으며 ② 리모델링을 하여 원룸형으로 개조해 임대수익 또한 높일 수 있으며 ③ 이를 통하여 임대수익이 많다면 이러한 물건을 적기에 매도하여 매도수익으로도 전환이 가능한 장점이 있다. 이러한 다가구주택과 근린주택이 서울과 경기도 지역의 역세권이나 교통이 편리한 지역에 있다면 더할 나위 없이 좋은 수익을 기대할 수 있다.

그러나 다가구주택과 근린주택은 임차인이 많고 전입자도 많아서 권리분석을 꼼꼼하게 하지 않으면 대항력 있는 임차인이나 전입자 때문에 오히려 곤경에 빠져 추가적으로 인수금액이 발생할 수 있다. 그래서 다가구주택에 응찰하기 전 권리분석은 세심하게 해야 한다. 이렇게 해야만 인도명령 신청도 제대로 할 수 있고 빠른 명도도 기대할 수 있다.

등기부등본과 임차인의 권리파악이 최우선이다

먼저 등기부등본과 임차인의 권리부터 파악하여야 한다. 다만 공과금이나 각종 체납된 요금은 낙찰자의 인수권리가 아니기 때문에 잔금을 납부하여 소유권을 취득한 이후 정리가 가능하다. 아파트의 경우는 관리비 체납 문제가 낙찰자의 인수냐 또는 아니냐의 문제로 여러 판결이 있지만 주택(다가구주택 포함)이나 근린주택의 경우 전소유자가 체납한 전기, 수도, 가스 등 공공요금은 낙찰자에게 인수되지 않는다.

먼저 등기부등본의 최초말소기준권리(최초설정일)를 파악하는 것이 권리분석의 첫 단계이다. 그리로 말소기준권리 이전 주민등록전입을 한 전입자와 이후 주민등록전입을 한 임차인을 파악한다. 그다음으로는 임차인의 실거주 여부를 확인해야 한다. 다가구주택의 경우는 전입하여 거주하다가 전출을 갔어도 주민등록이 그대로 살아 있는 경우가 많다. 그렇기 때문에 주민등록 전입자가 점유(살고 있는지의 여부)하고 있는지 확인을 하여야 한다. 법원의 현황조사서 또는 물건명세서를 살펴보아 누가 몇 층의 몇 호에 전입하여 점유하는지 그 관계를 파악하면 의외로 쉬워진다.

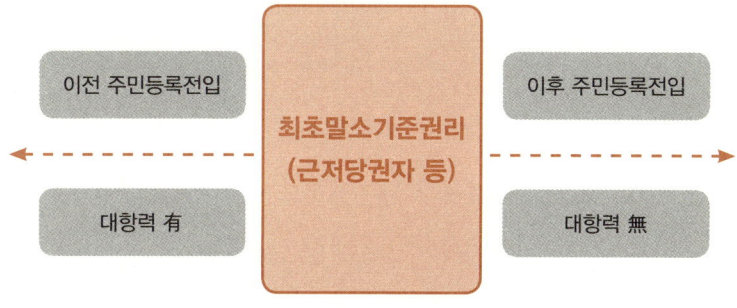

먼저 등기부등본 상 말소기준권리 이전에 주민등록전입을 마쳤다면 대항력이 있는 것이고 주민등록전입이 말소기준권리 이후에 되었다면 대항력이 없는 것으로 판단하면 된다. 그러나 대항력 있는 임차인이 권리신고 및 배당요구 신청을 하지 않았다면 대항력이 있기 때문에 주의를 요한다. 그러나 보편적으로 다가구주택이나 근린주택의 경우 임차인의 임대차계약금액이 주택임대차보호법에 해당하는 소액임대차보증금일 경우가 많다. 그러한 경우 배당요구를 하지 않아도 소액임대차에 해당하는 금액을 우선 배당받고 그 배당금을 제외한 임대차 보증금의 나머지 금액을 낙찰자가 부담 또는 인수하는 경우가 있으므로 권리분석은 꼼꼼히 해야 한다.(3대가 잘사는 Secet 7을 참고하자)

최초 말소기준권리 이후의 전입자는 대항력이 없다

아래의 경우(2005타경24642)는 단독 응찰하였지만 충분한 수익이 기대되는 물건으로 꼼꼼한 현장조사와 발품으로 성공한 사례이다. 대지지분도 넉넉하며 건물평수도 양호한 부동산이다. 감정가의 67.3%에 단독으로 응찰하였다. 참고로 응찰자가 많다고 해서 꼭 우량물건은 아니다. 이 사건의 경우 최초 말소기준권리(최초근저당권 설정일)는 1999년 10월 19일 신한은행 근저당권설정이다. 1999년 10월 19일 이전에 전입신고를 한 임차인은 없다. 김○희, 김○석, 박○영, 조○주 모두 이후에 주민등록 전입을 마친 소액임차인이기 때문에 낙찰자에게 인수되거나 대항할 수 있는 임차인이 없다. 그러나 임차인들이 1층과 지층에 전입하여 점유한다고 법원의 물건명세서에 기록되어 있으므로 정확히 어느 부분에 점유하고 있는지 확인을 하여야 추후 신속하게 명도를 진행할 수 있다.

2005타경24642 물건명세서

■ 금융권 TIP

이 물건의 경우 1층과 지층만 있는 데도 불구하고 임차인이 다수 있다. 금융권이 소유자에게 실시한 대출금 전액을 배당받지 못하는 경우가 발생할 수도 있다. 이는 전입 신고한 임차인들이 소유자와 고의적으로 통모 또는 합의하여 위장임차인을 전입시켜 소액 임대차보증금을 편취하려는 경우가 많기 때문이다. 이러한 경우 의심이 가는 임차인의 배당에 배당이의를 제기하여 배당이의 소송을 해야 한다. 이를 통해 악의적으로 배당이 되는 임차인을 가려내어 임차인에게 배당된 배당금을 중지하고 채권자는 그 배당금을 재배당 받을 수 있다.

근린주택은 상가부분과 주택부분을 구분해야 한다

다음의 경매사건(2011타경 15316)은 근린주택으로 선순위 전입자도 있고 명도소송을 진행하여 승소한 사건이다. 이 물건을 보면 최초말소기준권리가 2009년 9월 14일 솔로몬상호저축은행이 설정한 저당권이다. 설정일 이전에 주민등록전입을 개시했는지의 여부와 그 이후에 주민등록전입을 하였는지를 먼저 확인하여야 한다. 이때 근린주택의 경우는 근린(상가)부분과 주택 부분을 나누어 판단해야 한다. 근린(상가)부분은 상가임대차보호법(2002.11.01.부터적용)에 기준하여 배당이 되고 주택부분은 주택임대차보호법(2013.03.23. 타법개정:서울의 경우 7500만 원의 2500만 원으로 개정)에 의하여 배당을 받게 된다. 근린(상가)의 경우 세무서에 사업자 등록신고 일자를 기준으로 하며 주택의 경우 주민등록전입을 마친 날로부터 기준이 된다.

 이 사건의 경우 낙찰자에게 인수되는 권리는 전혀 없었다. 낙찰자가 모든 임차인의 보증금을 인수하지 않아도 된다는 의미이다. 오히려 임차인이 소유자와 정당하게 임대차계약을 체결하였음에도 불구하고 사업자등록을 제대로 하지 않아서 임대차보증금에 대하여 배당받지 못하는 부분이 있었다.

 다만 이 사건에서는 소유자의 매형이 주민등록전입신고와 확정일자를 교부받아 점유하고 있었다. 또한 법원에 권리신고와 배당요구까지 하였다. 그 임대차보증금은 무려 1억 2천만 원이었다. 이렇게 되면 채권자인 금융권 솔로몬상호저축은행이 채권회수에 영향을 받게 되므로 채권자는 법원에 소유자의 매형인 정○에 대하여 배당을 제외시켜 달라는 배당배제신청을 하였다. 이때문에 채권자와 소유자의 매형과는 별도의 소송을 하게 되었다. 그사이 낙찰자는 인도명령 인용 결정이 안 되니 명도는 진행이 안 되고 답답한 상황이 되었다. 그래서 필자는 소유자의 매형이며 선순위 임차인으로서 배당신청을 한 정○을 상대로 빠른 명도소송을 진행, 결국 승소하여 신속하게 명도할 수 있었다.

2011타경15316

사건	2011타경15316 부동산임의경매		매각물건번호	1	담임법관(사법보좌관)		강기호
작성일자	2011.11.23		최선순위 설정일자		2009.09.14. 근저당		
부동산 및 감정평가액 최저매각가격의 표시	부동산표시목록 참조		배당요구종기		2011.08.29		

점유자의 성명	점유부분	정보출처 구분	점유의 권원	임대차 기간 (점유기간)	보증금	차임	전입신고일자. 사업자등록신청일자	확정일자	배당요구 여부 (배당요구일자)
김롄훈(나염공장)	2층	현황조사	점포 임차인	2005.6.10.~	2,000만원	90만원	미상	미상	
	2층 전부	권리신고	주거 임차인	2007.02.01.~ 2011.08.23.	20,000,000	900,000	미상	미상	2011.08.24
오○석	미상	현황조사	주거 임차인	미상	미상		주민등록 2010.12.10.	미상	
이플자(소나타 호프)	1층 일부	현황조사	점포 임차인	1999.4.1.~	1,500만원	65만원	미상	미상	
	1층 일부	권리신고	점포 임차인	1999.04.01.~	15,000,000	650,000	사업자등록 2001.04.22.	미상 (등기소: 2003.1.3.)	2011.08.22
전플환(채무자 의 직원)	미상	현황조사	주거 임차인	미상	미상		주민등록 2004.11.29.	미상	
정○(소유자의 매형)	미상	현황조사	주거 임차인	미상	미상		주민등록 2006.6.14.	미상	
	3층 전부	권리신고	주거 임차인	2006.06.14.~	120,000,000		주민등록 2006.06.14.	2008.02.26.	2011.08.17
정플섭(미신자 동차공업사)	1층 일부	현황조사	점포 임차인	1992.6.10.~	2,500만원	110만원	미상	미상	
	1층 일부	권리신고	점포 임차인	1992.06.10.~	25,000,000	1,100,000	사업자등록 2001.04.22.	미상	2011.08.24

< 비고 >
김롄훈(나염공장) : 당초 보증금 1,000만원으로 계약하였다가 2009. 5. 2.에 1,000만원을 증액함.
전플환(채무자의 직원) : 근저당권 설정시 소유자들이 작성한 임대차내용확인서에는 채무자 김플호가 운영하는 회사 직원이며 무상거주한다고 기재되어 있음.
정○(소유자의 매형) : 근저당권 설정시 소유자들이 작성한 임대차내용확인서에는 소유자 김○호의 매형이며 무상거주한다고 기재되어 있음.

2011타경15316 물건명세서

3대가
잘사는
Secret 7

임차인의 대항력을 분석하자

대항력의 여부는 전입일자로 결정되며 우선변제권을 갖기 위해서는 확정일자 교부를 받아야 한다. 상대적으로 임대차계약서가 없는 상황에서는 확정일자를 교부받기 어렵다. 즉 확정일자는 국가기관에서 임대차계약에 대한 보증을 해주는 역할을 한다고 보면 된다. 대항력 여부와 관련하여 보통 경매의 권리분석에서 보면 최초근저당일자와 전입자의 전입일자가 동순위(근저당 설정과 전입일자가 같은 경우)일 경우 근저당권이 앞선다. 그 이유는 전입자의 전입일자는 익일(그 다음날)기준으로 되기 때문이다. 즉, 대항력의 조건은 전입일자와 확정일자 교부 그리고 해당 부동산의 점유가 이뤄져야 한다.

1. 전입신고일자가 근저당권 설정일보다 앞선 경우

1) 배당요구 또는 배분요구(공매의 경우 배당을 배분이라 함)를 했을 경우 ➡ 낙찰자에게 대항할 수 있는 요건은 있으나 낙찰자에게 인수권리는 없다. 다만 그 임차보증금액을 모두 변제받지 못했을 경우 낙찰자에게 대항하여 배당받지 못한 임차금 채권에 대하여 인수권리가 발생한다.

2) 배당요구를 하지 않았을 경우(공매의 경우는 보통 배분요구를 한다)
➡ 임차금에 대하여 낙찰자가 인수하는 권리이다.

3) 전입신고가 우선이 되고 확정일자가 느리며 근저당권과 전입신고가 동일한 경우 ➡ 전입신고한 익일(다음날) 기준이 되므로 근저당권자보다 우선변제권이 없다.

4) 전입신고 일자가 근저당권자보다 빠르고 확정일자가 느린 경우 ➡ 낙찰자에게 대항할 수 있으며 낙찰자 인수대상이 된다.

5) 전입신고도 마치고 확정일자도 교부받고 거주하다가 직장일로 때로는 사업상 모르고 전출을 했을 경우 ➡ 대항력을 상실하게 된다. 다만 임차권등기 설정(보증금 전체나 일부금액을 등기부등본에 기재할 수 있으며 법원에 신청하면 되고 임차보증금의 채권변제 순위를 보전하며 경매에 있어서도 경매신청을 할 수 있는 권한을 가지고 있다)을 했을 경우는 전출을 했더라도 최초 전입일자는 유지되는 것으로 보아도 무방하며, 임차금 전체 또는 소유자에게 돌려받지 못한 임차금에 대하여 변제받을 수 있다.

6) 임차인이 제대로 전입신고와 확정일자를 교부 받았음에도 불구하고 이를 처리하는 공무원의 실수로 인하여 전산입력을 잘못 했을 경우 ➡ 이런 경우는 극히 드물지만 최초전입일자가 유지

된다.

2. 주택임대차 보호법에 따른 임차보증금 최우선 면제금액

시행 일자		서울, 수도권 및 광역시		기타 지역	
		보증금 액수 기준	최우선변제 금액	보증금 액수 기준	최우선변제 금액
1984. 1. 1 부터		300만원 이하	300만원	200만원 이하	200만원
1987. 12. 1 부터		500만원 이하	500만원	400만원 이하	400만원
1990. 2. 19 부터		2000만원 이하	700만원	1500만원 이하	500만원
2001. 9. 15 부터	수도권	4000만원 이하	1600만원	3000만원 이하	1200만원
	광역시	3500만원 이하	1400만원		
2008. 8. 21 부터	수도권	6000만원 이하	2000만원	4000만원 이하	1400만원
	광역시	5000만원 이하	1700만원		
2010. 7. 26 부터	서울시	7500만원 이하	2500만원		
	수도권	6500만원 이하	2200만원		
	광역시	5500만원 이하	1900만원		

주택임대차 보호법의 임차인을 보호하기 위한 정책으로 다음사항을 알고 가자. 임대인과 임차인의 계약갱신의 요구 없이 묵시적으로 임대차관계가 유지되는 경우 묵시적 갱신의 효력으로 임대인과 계약한 임대차계약 조건이 동일함을 유지하며, 임차인이 임대차계약에 대하여 해지를 희망할 경우 만료 전 6개월에서 1

개월 사이에 통지해야 한다. 임대인은 통지가 도달된 후 3개월이 경과하면 보증금을 반환해야 한다.

경매에 있어서 크게 이 두가지만 염두해 둔다면 임차인의 권리분석과 대항력 여부를 확인할 수 있으며 주택임대차 보호법도 경매에 있어서 중요하니 위 표를 참조하여 활용하기 바란다.

관리비 및 체납된 공과금 처리방법

경매 물건 검색 후 현장조사의 중요성은 이미 충분히 언급하였다. 여기서는 현장조사시 반드시 확인해야하는 관리비와 체납 공과금 처리 방법을 부동산 종별로 살펴보기로 한다. 먼저 빌라, 다세대주택, 연립 주택 등은 통상 체납 관리비가 없으며(아파트는 관리비 연체 여부를 반드시 확인하여야 한다) 가스, 전기, 수도요금 등의 일반 공과금 연체도 그리 중요하지 않다. 일반 공과금은 낙찰 잔금을 납부 후 소유권이 변동된 날이 부과 기준일이 되기 때문이다. 잔금 납부 후 등기부등본이 발급되는 데 이를 기준일로 삼아 그 이후부터 부과된 연체료만 부담하면 된다. 수도요금은 해당 구청 상하수도 담당자에게, 도시가스는 해당구 가스회사에(서울시 일부 및 경기도서북부지역은 서울도시가스), 전기요금은 한국전력공사의 담당자에게 등기부등본에 소유권 취득일자를 기재하여 팩스로 전송하면 소유권 이전일 이후부터 요금이 고지된다. 그러나 명도가 늦어지게 되면 연체료도 상당히 큰 금액으로 늘어날 수 있다. 한겨울일 경우 점유자가 난방용 도시가스를 많이 사용할 수 있고 그에 따른 공공요금(전기 및 상사하수도 요금)도 때론 부담이 될 수 있다.

아파트와 상가의 관리비와 체납 공과금은 꼼꼼히 분석해야한다

상가(오피스텔 포함)와 아파트의 경우는 아파트관리사무소나 상가관리사무소에서 관리비를 정산 관리하기 때문에 현장조사시 해당 관리소에 직접 문의하면 체납된 금액과 월별 평균고지금액을 알려준다. 그러나 관리비는 공용부분과 전용부분에 대해 상세히 살펴볼 필요가 있다. 최근까지도 전 소유자(경매당한 자)가 체납한 공과금 납부 책임에 대한 정확한 판결이 없는 상태로 대법원 판례를 따르면 공용부분만 승계하라고 되어 있다.

수많은 아파트 낙찰 경험에 비추어보면 관리비가 수십만 원에서 수백만 원까지 체납된 경우가 다반사이다. 경매신청권자(금융권 또는 일반 채권자)에게 이자 납부를 못해 경매 진행이 되었는데 어떻게 관리비를 꼬박꼬박 납부했겠는가? 그래서 체납 관리비를 대위변제할 계획을 세우고 입찰하는 것이 좋다. 낙찰을 받았다면 아파트 관리소장에게 내용증명을 보낸다. 해당 아파트를 낙찰받았고 곧 잔금 납부를 할 예정인데 체납 관리비는 얼마로 알고 있으며 이중 공용부분만 부담할 가능성이 있다는 내용을 기재하면 된다.

처리 방법은 다음 2가지로 요약할 수 있다.

첫 번째, 임차임이 점유할 때. 낙찰 받은 물건지를 임차인이 점유하고 있다면 그다지 문제 되지 않는다. 임차인이 임차금을 배당받기 위해서는 낙찰자의 가옥명도 확인서, 가옥명도확인서에 날인된 인감, 인감증명서 등이 첨부되어야만 하기 때문에 낙찰자가 불리할 이유가 없다. 임차인이 이주하는 날까지 기다렸다가 임차인이 이주 당일 체납 관리비 및 각종 연체료를 납부하면 배당에 필요한 서류를 전달해주면 된다. 그다지 큰 어려움은 없다.

둘째, 소유자가 점유할 때. 소유자 직접 점유의 경우 체납된 관리비와 명도 문제는 직결된다. 소유자와의 명도과정에서 신속한 진행을 위해 낙찰자가 이주 날짜를 최대한 줄이고 체납된 관리비를 대위변제 해주는 경우가 있다. 명도시 대부분의 낙찰자는 체납된 관리비를 대위변제 해줄 것인지, 이주비를 지급해줄 것인지, 아예 이주비도 지급하지 않을 것인지 갈림길에 서게 된다. 이도저도 결정이 안 날 때에는 최악의 경우 강제집행을 해야 한다. 강제집행시에는 강제집행 비용과 더불어 3개월 치 익스프레스 보관비용을 선납하고 보관 명도를 해야 한다. 그러나 이 비용이 만만치 않다. 만약 강제집행을 했더라도 낙찰자가 입주하려할 때 관리소에서는 경비원들을 통해 입주를 차단시키거나 입주를 했더라도 체납된 관리비를 받으려고 안간힘을 쓴다. 매월 청구하는 관리비에 체납된 금액과 더불어 연체료까지 정산하여 고지한다. 이런 경우 낙찰자는 거주하면서 큰 불편을 겪는다. 필자가 체납 관리비 관련 소송을 별도로 무수히 진행해봤지만 결과를 떠나서 참 힘든 소송이 된다.

결론적으로 아파트(상가 및 오피스텔 포함) 체납 관리비와 연체료 처리의 왕도는 점유자와의 적극적이고 구체적이며 명확한 의사소통이다. 이주비용과 체납 관리비를 연결하여 합리적으로 해결하는 것이 바람직하다.

엄밀히 말하면 낙찰자가 이주비용을 지급할 의무는 없다. 다만 빠른 명도와 원만한 마무리를 위해 부담하는 것이다. 체납된 관리비를 공제하고 지급하는 방식도 있다. 낙찰자가 체납 관리비를 전액 부담하게 될 경우를 대비하여 등기부등본 상의 잉여부분(배당기일에 모든 채권자의 청구금액을 제외하고 남은 금액으로 이는 소유자에게 배당된다)도 참고해야 한다. 잉여부분이 있다면 소유자가 체납관리비와 연체료를 부담하도록 한다.

"체납 관리비와 연체료는 빠른 명도를 목적으로 처리하라."

추가로 부담해야 되는 비용이 적은 쪽을 선택하여야 한다.

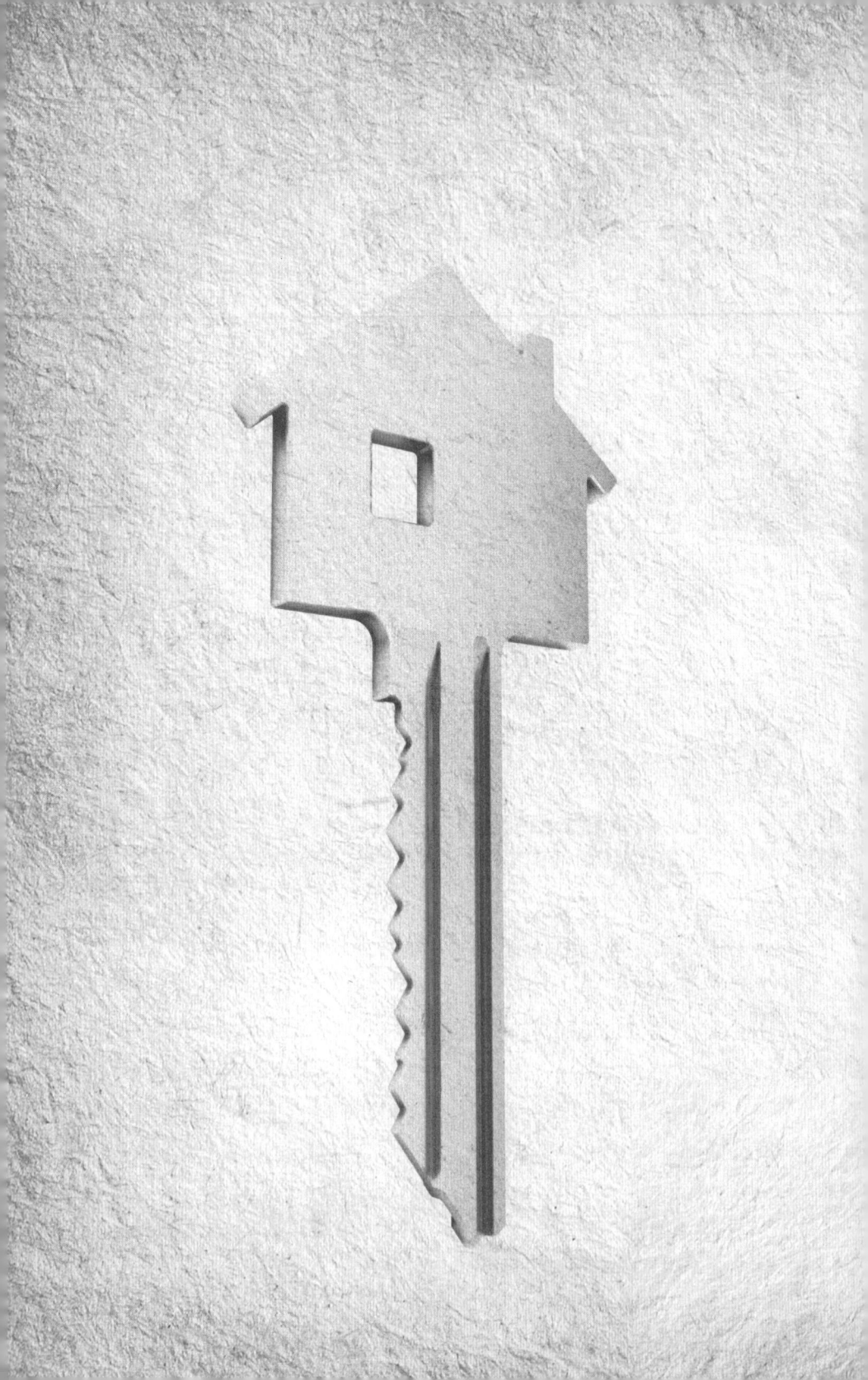

4장

부자경매 고수들만 아는 '경매 대출' 활용법

3대 부자의 시크릿,
경매 대출!

대출을 최대한 **활용해라**

　낙찰받은 부동산을 단기매도 할 목적이라면 금융권의 대출을 적극 활용해야 한다. 필자의 경험상 어떤 물건에 어떻게 대출을 활용해야 하는지에 대한 경험과 지식이 풍부하면 남들보다 높은 수익을 기대할 수 있다. 그리고 금융권 종사자들과의 돈독한 인맥과 업무교류가 활발하면 유리한 조건에 대출금은 더 많이, 금리는 더 낮게 대출이 가능하다.

단기매도 ①
금융권마다 대출 조건은 제각각이다

단기매도를 목적으로 낙찰을 받았을 때 금융권은 대출에 따른 설정비를 고객에게 부담시키지 않고 자기들이 부담한다. 최근 인천지방법원의 근저당 설정비 반환청구 소송에서 근저당 설정비를 고객에게 부담시킨 신협이 패소한 사례가 있으며 서울중앙지방법원에서는 아직 소송 중에 있다. 이같이 금융권을 상대로 근저당 설정비와 관련한 집단소송이 벌어지고 있는 가운데 이에 따른 피해를 우려한 금융권이 근저당 설정비를 자신들이 부담하는 대신 고객들에게 대출약정 기간 내 상환이나 변제 시 1, 2, 3년 단위로 중도상환수수료를 적용하게 되었다. 그렇기 때문에 낙찰 받은 물건을 단기매도할 때 매수인이 대출 받은 대출금을 승계하지 않으면 낙찰자는(매도인) 중도상환수수료를 내야만 한다. 이는 수익률에 큰 영향을 미치므로 금융권을 잘 활용해야 한다.

아파트는 1금융권에서 보통 KB일반가(국민은행 시세)의 60%를 적용한다. 빌라, 다세대주택, 연립은 낙찰가의 최대 90%까지 대출해주는 금융기관을 이용하여야 한다. 다가구주택이나 일반주택의 경우 1금융권에서는 대출금액의 한도가 낮다. 오피스텔의 경우도 1금융권이나 2금융권을 적극 활용하여야 한다. 낙찰받은 물건의 매수인이 대기하는 아주 다급한 상황에서는 저축은행을 활용해도 좋으나 가급적 저축은행은 피하는 것이 좋다. 금리가 높기 때문이다. 급한 나머지 일단 대출받아 잔금부터 치르고 보자는 생각이 앞서 저축은행을 통해 대출을 받지만 높은 이자는 감당하기 힘들다. 결국 잔금을 치르고 소유권을 취득한다 하여도 수익률은 현저히 낮아진다. 이렇듯 금융권마다 대출 조건이 다소 다르기 때문에 자신의 재테크방식에 맞추어 활용하여야 한다.

단기매도 ②
중도수수료 적용받지 않는 금융권을 활용하라

필자는 단기 매도의 형식으로 수익률을 올리기 위해 주로 제 2금융권인 새마을금고와 신용협동조합과 거래한다. 이들 금융권과 거래하여 중도상환수수료를 적용받지 않는 방법으로 대출을 활용하였다. 새마을금고와 신용협동조합의 경우 서울뿐만 아니라 경기 및 지방의 새마을금고에서도 출장자필서도 가능하기 때문에 많은 도움이 된다. 이처럼 경매부동산은 대출과도 밀접한 관련이 있기 때문에 평소 자신의 신용관리를 철저히 해야 한다. 신용카드도 여러 개 만들면 신용에 악영향이 있을 수 있으며 신용카드대금 결제 및 대출금 납부는 가급적 연체를 하지 않아야 한다. 금융권은 신용정보를 각 금융권과 공유하며 활용하기 때문에 적극적으로 자신의 신용정보를 관리해야 한다.

장기보유의 경우

장기보유를 목적으로 낙찰받았을 때에는 제1금융권과 제2금융권을 적절히 활용하여야 한다. 토지와 대지, 농지, 밭, 축사 같은 경우 제1금융권이 금리가 다소 낮은 장점이 있으나 제1금융권은 이 같은 부동산에 대한 대출은 적극적이지 않다는 단점이 있다. 보통 이런 물건들은 농협중앙회, 단위농협, 수협중앙회, 단위 수협에서 적극적으로 대출을 하고 있다.

장기보유를 목적으로 낙찰받았을 때에는 제1금융권과 제2금융권을 적절히 활용하여야 한다.

제1금융권의 경우 금리가 다소 낮아 대출금이 적을 경우 유리하지만 토지와 대지 등의 부동산에 대한 대출에 적극적이지 않다는 단점이 있다.

반면 농협의 경우 금리가 제1금융권보다는 높지만 대출한도가 높아 많은 금액을 대출받을 때 유리하며 토지와 대지 등의 부동산 대출에 적극적이라는 장점이 있다.

이처럼 장기보유를 목적으로 낙찰을 받을 때에는 제1금융권과 농협의 장, 단점을 잘 파악하여 본인의 대출 상황에 맞게 더 유리한 선택을 하길 바란다. 이때 자신의 거주지에 있는 농협만 생각하지 말고 다른 지역의 농협에도 문의해보는 것이 좋다. 그러나 아직 일반인들에게는 은행 문턱이 다소 높은 편이라 어느 지역의 어떤 금융권이 자신에게 도움이 되는지의 여부를 좀처럼 파악하기가 쉽지 않다. 이 경우 대출을 자신의 입장에서가 아닌 고객의 입장에서 유리하게 중개해주는 전문기관도 있다. 전문가의 조언을 받는 것도 또 다른 재테크 방법임을 잊지 말자.

금융권의 대출을 적극 활용하자. 이때 발생하는 대출이자는 부동산 재테크 관점에서 넓게 해석해야한다. 경매부동산을 하나만 낙찰받아 수익을 올리는 것보다 한꺼번에 여러 물건을 낙찰받아 매도한다면 수익이 배가 될 것이다. 단기매도가 목적이라면 최대한 대출을 많이 받아서 다른 여러 경매 물건의 투자자금으로 활용하라. 단, 중도상환수수료를 적용받지 않는 금융권을 모색하거나 대출전문가의 도움도 잊지 말자.

나만의 대출 활용법

경매나 공매로 부동산을 취득하였을 때는 부동산 종류별로 금융권의 대출상품을 적극 활용하여야 이윤추구가 가능하며 수익률 또한 높아진다.

거주가 목적인 아파트에 맞는 대출이 따로 있다

아파트의 경우 거주할 목적이라면 제1금융권을 적극 활용하여야 한다. 아파트 최초구입자 또는 무주택자가 구입할 경우 정부의 'U보금자리론'을 활용하면 금리가 낮기 때문에 매월 상환하는 이자부담이 작아진다. 이처럼 거주가 목적인 경우 제 1금융권의 대출상품이 유리하다. 제 1금융권과 마찬가지로 제 2금융권도 이자상환능력과 소득을 합산하여 차등적용하여 대출을 실행한다. 소득이 없을 경우 연간 신용카드 사용실적과 국민연금 납부현황, 건강보험 납부현황 등을 근거로 예상소득을 추정하여 대출해주는 제 1금융권도 있다.

최근 들어 언론에서 경기의 악화로 인하여 아파트 매매가 안 된다고 기사화하지만 꼭 그렇지는 않다고 본다. 일반 부동산 시장에 나와 있는 급매물보다 더 저렴하게 낙찰을 받아 중개업소에 의뢰하면 매매가 되는 경우가 많다. 이러한 경우 제 2금융권에서는 낙찰가의 최대 80% 또는 kb일반가(국민은행 시세)의 70%까지 대출해주는 금융기관도 있으니 꼼꼼하게 따져 보고 만약 어렵다면 대출전문가의 조언을 받아라.

제 2금융권의 경우 금리 또한 제 1금융권과 비교해서 그리 부담이 되지 않는 대출상품도 더러 있다. 개인의 소득으로 평가하지 않고 낙찰 받은 물건의 적정 매수가격을 인근 낙찰 사례와 인근 부동산 시세와 비교하여 대출해주는 금융기관도 있다. 또한 매도 시 대출금 상환에 따른 중도상환수수료를 면제해주는 금융권도 다수 있다. 필자의 경우 아파트를 낙찰받으면 유리한 대출상품을 적극 활용한다.

다가구주택은 제 2금융권을 적극 활용하라

　　　　　　　　주택이나 다가구주택은 일반적으로 대출을 받은 후 임대차계약을 체결하여 월수익 물건으로 전환하는 경우가 많다. 다가구주택의 경우는 제 1금융권에서 기피하는 현상이 많으니 새마을금고 또는 신용협동조합의 경락잔금대출을 적극 활용하는 것이 유리하다. 평균적으로 낙찰가의 80% 또는 감정법원 감정가의 80%까지 소액임대차 보증금을 공제한 금액으로 대출을 해주는 금융기관이 많다.

　낙찰받은 경매부동산을 담보로 대출 받은 후 임차인과의 임대차계약을 통하여 매월 월세가 지급되는 수익 물건으로 전환할 수 있으며 임대차 계약을 체결하여 임차인에게 받은 보증금으로 대출금을 전액상환 또는 일부상환하여 이자비용을 줄일 수도 있다. 이러한 물건은 월세가 꼬박꼬박 내 통장에 찍히는 쏠쏠한 재미를 선사한다. 다가구주택은 낙찰받아 내부를 리모델링하여 월세를 더 받을 수 있는 장점 또한 있다. 이런 다가구주택은 감정가가 높아도 현금 투자 금액을 줄이고 금융권의 대출상품을 활용하여 운영한다면 좋은 수익을 얻을 수 있다. 월세가 잘 나오는 다가구주택의 경우 부동산 중개업소를 방문하여 찾는 이들도 많기 때문에 여러모로 이익이 뒤따를 수 있다.

　주택이나 다가구주택을 낙찰받았을 시에는 제 2금융권인 새마을금고 또는 신용협동조합, 수산업협동조합, 농협의 경락잔금대출상품을 적극 활용하면 된다.

경매로 낙찰받은 주택의 좋은 예 ①

다음의 경매물건(2005타경9258)은 국민은행의 채권최고액 5천 2백만 원 근저당 설정이 있고 그 후 2003년 임대차계약을 체결한 임차인 최○례의 임차보증금은 5천만 원이다. 임차보증금은 인수하지 않아도 된다. 이 물건은 1억 원 가량에 낙찰을 받았으므로 이를 담보로 8천만 원 정도 대출이 가능하다고 보면 된다. 1억 3천 만원인 감정가 대비 낮은 가격에 낙찰받았기 때문에 가능한 일이다. 이 물건은 약간의 리모델링만 거치면 감정가격보다 훨씬 좋은 가격에 매도도 할 수 있으며 높은 금액으로 임대차계약 체결도 할 수 있다.

우편번호및주소/감정서	물건번호/면적(㎡)	감정가/최저가/과정	임차조사	등기권리
132-040 서울 도봉구 창동 518-10 ●감정평가서정리 - 연와조세멘기와 - 신화초등교북서측인근 - 단독및공동주택,근린시설혼재 - 차량출입가능,버스정류장인근 - 세장형등고평탄지 - 남서측4m도로접함 - 도시가스난방 - 2종일반주거지역,7층	물건번호: 단독물건 대지 93 (28평) 건물 56.03 (16.95평) 방3 ·지하창고 5.98 (1.81평) 제시외건물 ·화장실 2.4 (0.73평) 83.10.11보존	감정가 133,093,920 ·대지 120,900,000 (90.84%) (평당 4,297,903) ·건물 11,905,920 (8.95%) (평당 4,705,897) ·제시 288,000 (0.22%) 최저가 85,180,000 (64.0%) ●경매진행과정 133,093,920	●법원임차조사 차○홍 전입 1999.03.03 (비거주) 최○례 전입 2003.06.13 확정 2003.04.24 배당 2005.06.28 (보) 50,000,000 (조사서상:전입2003.10.9) 윤○례 전입 2003.06.13 (임대차없이거주) 총보증금:50,000,000	소유권 전○자 1998.04.27 저당권 국민은행 주택염창동 1998.05.04 52,000,000 가등기 이○운 소유가등 2004.05.13 가압류 국민은행 가계엔피엘 2004.10.08 25,330,000

2005타경9258

경매로 낙찰받은 주택의 좋은 예 ②

다음의 주택(2006타경4953)은 지하층과 1, 2층의 3가구는 임대차계약을 통하여 매월 월세를 받을 수도 있고 지하층 및 1층은 임대를 주고 2층은 소유자가 직접 사용 점유할 수 있는 물건이다. 이 경우도 낙찰을 받을 당시 낙찰가의 80%인 최대 1억 5천 3백만 원까지 금융권 대출상품을 활용하였다. 이 물건은 낙찰을 받고 명도 과정 중인데도 불구하고 매수문의가 잦았던 좋은 물건이다.

2006타경4953

상가는 낙찰가의 80~90%까지 대출이 가능하다

상가 대출은 제1금융권인 외환은행, 일부 새마을금고와 신용협동조합, 수협에서 많이 취급한다. 경매로 낙찰된 상가의 경우 낙찰가의 80~90% 정도까지 대출이 가능하다. 부동산 담보 대출 역시 금융권에서 최우선적으로 평가하는 것이 이자 납부 능력이며 개인의 신용을 우선적으로 평가한다. 재직증명 및 원천징수 가능자일 경우 신용대출을 추가적으로 해주는 금융권도 있다. 대출전문기관이나 경매 및 부동산 대출전문가의 조언을 받는 것도 좋은 방법이 될 수 있다.

상가 투자는 월세를 받으려 하는 것이 주목적이다. 주택이나 아파트보다 월 수익률이 다소 떨어지기는 하나 매달 정기적인 임차금이 입금되므로 노후대비로는 좋은 재테크이며 관행적으로 형성된 상가 권리금 없이 낙찰받으므로 수익이 높다. 또한 상가가 활성화되면 임차하겠다는 미래의 예비 임차인이 많아져 상가 가치는 높아진다.

다음의 경우(2006타경 38162)는 상가 투자의 좋은 예이다. 이 물건은 신한은행이 현재도 점유사용하고 있으며 보증금도 적정하고 월세도 체납될 가능성도 없으니 금상첨화인 물건이다. 현재까지도 사용하고 있으며 상가 위치가 우수하여 꾸준히 임대할 수 있는 물건으로 제 1금융권인 외환은행과 수산업협동조합의 대출상품을 적극 활용하였다.

우편번호및주소/감정서	물건번호/면적(㎡)	감정가/최저가/과정		임차조사	등기권리
136-110 서울 성북구 길음동 1276 삼부 105동 1층 27호 06.12.11 가온감정	물건번호: 22 번 (총물건수 22건) 22)대지권있음 건물 17.223 (5.21평) 15층-99.12.20보존	감정가 최저가 ●경매진행과정 ① 낙찰 허가 종결	182,000,000 182,000,000 (100.0%) 182,000,000 2007-05-22 182,000,000 (100%) 2007-05-29 2007-07-24	●법원임차조사 신한은 배당 2007.02.13 행 (보) 20,000,000 (월) 1,200,000 점유 1993.10.25~ (조사서상점유: 1993.9.10~) •부지점장 김 창의 진술에 의하면 임대인 차 호와 본 점 점포개발부와 임대차계약 을 한후 미아지점에서 관리 하고 있다함. 총보증금:20,000,000 총월세금:1,200,000	임 의 진행록 2006.11.10 •청구액:400,000,000원 저당권 진행록 2005.10.26 400,000,000 저당권 진행록 2005.10.28 400,000,000 등기부채권총액 800,000,000원 ↑위는 1번등기내용임 ●(상세안내)

2006타경 38162

3대가 잘사는 Secret 8

임차보증금 한도 보상액은 얼마인가?

아래의 표는 주택임대차보호법 소액보증금 한도 보상액이다. 단, 최초근저당설정일을 기준으로 해야 한다. 일부 일반인들은 서울의 경우 무조건 7500만 원의 2500만 원이라 생각하나 그렇지 않고 '최초근저당설정일 기준'으로 최우선 변제금이 결정된다는 것을 명심해야 한다.

| 주택 임대차보호법의 소액보증금 한도 보상액 |

시행 일자		서울, 수도권 및 광역시		기타 지역	
		보증금 액수 기준	최우선변제 금액	보증금 액수 기준	최우선변제 금액
1984. 1. 1 부터		300만원 이하	300만원	200만원 이하	200만원
1987. 12. 1 부터		500만원 이하	500만원	400만원 이하	400만원
1990. 2. 19 부터		2000만원 이하	700만원	1500만원 이하	500만원
2001. 9. 15 부터	수도권	4000만원 이하	1600만원	3000만원 이하	1200만원
	광역시	3500만원 이하	1400만원		
2008. 8. 21 부터	수도권	6000만원 이하	2000만원	4000만원 이하	1400만원
	광역시	5000만원 이하	1700만원		
2010. 7. 26 부터	서울시	7500만원 이하	2500만원		
	수도권	6500만원 이하	2200만원		
	광역시	5500만원 이하	1900만원		

| 상가 임대차 보호법의 경우 |

1) 서울특별시: 3억 원
2) 서울특별시 제외한 과밀억제권역: 2억 5천만 원
3) 광역시(안산시, 용인시, 김포시, 광주시 등): 1억 8천만 원
4) 그 밖의 지역: 1억 5천만 원으로 규정되어 있으며 이 금액을 초과하였을 시에는 근저당설정 또는 전세권 설정으로 갈음하고 있다고 보면 된다.

대출을 승계하게 하라

낙찰받은 부동산을 매도하여 시세차익을 통한 수익을 올리려고 할 때 해당 부동산에 대출이 있으면 매수인이 내가 받은 대출을 승계하지 않겠다는 경우도 있다. 부동산 매도에 있어서는 약간의 운이 따라야 하겠지만 매수인도 잘 만나야한다.

부동산 종별로 매수인을 예상하여야 한다. 아파트 매도 시에는 내가 받은 금융권의 대출을 승계할 가능성은 희박하다. 대체로 인근 부동산중개업소를 통한 매매계약이 성사되기 때문이다. 이때 일부 부동산중개업소에서는 대출을 중개해주는 경우도 있다. 이럴 경우를 대비하여 대출 시 제2금융권을 활용하는 것이 오히려 도움이 된다. 제2금융권의 경우는 제1금융권에 비해 중도상환수수료 부담이 적은 장점이 있다.

  현금이 부족하여 빌라, 다세대주택, 연립에 투자할 경우 내 물건을 매수하려는 매수인이 내가 금융권에서 받은 대출금이 넉넉하며 금리 또한 높지 않다면 대출을 승계할 가능성이 높다. 또한 매매가격을 흥정할 때에도 여러 혜택을 볼 수 있다. 현재 신축빌라 분양을 살펴보면(전부는 아니지만) 대부분 대출금의 한도가 많을 경우 매매가 잘 된다. 상대적으로 빌라, 다세대주택, 연립 거주자의 부부합산 소득이 아파트 거주자보다 조금 낮다. 역으로 이들은 부동산 투자 시에도 가용할 수 있는 현금이 충분치 않다. 그렇기 때문에 빌라, 다세대주택, 연립을 매수하고자 할 때 내가 받은 대출금이 한도가 많고 금리 또한 낮다면 이들 매수인은 대출금을 승계할 가능성이 매우 높다. 이러한 경우 매도인은 중도상환수수료를 면제받을 수 있고 매수인은 거주 목적으로 매수하였기 때문에 서로에게 도움이 된다.

  앞으로는 경매부동산물건에 대한 금융권의 대출이 더욱 활발해질 것으로 예상된다. 경매부동산은 시세보다 훨씬 저렴하게 낙찰받기 때문에 대출한도를 늘려도 연체가능성이 낮아 부실 위험성도 그만큼 낮아지기 때문이다. 그러면 대출 한도는 높아지고 금리는 낮아지게 된다. 이를 적극적으로 활용하여 경매 수익을 극대화하는 지혜가 필요하겠다.

유치권 있는 물건들도 **대출이 가능하다**

현재까지 유치권에 대하여 이렇다 저렇다 말이 많다. 유치권이 접수된 경매부동산 낙찰 경험으로 비추어볼 때 유치권 신고의 적법여부 확인이 관건이다. 앞서 설명했듯이 현장조사를 통해 철저히 파악해야 한다.

보통 제 1금융권은 물론이고 제 2금융권인 새마을금고와 신용협동조합의 경우도 유치권이 접수된 경매 부동산에 대한 경락잔금 대출을 꺼린다. 그러나 제 1, 2금융권을 막론하고 대부계 담당자, 실무책임자 또는 부책임자들 중에 경매부동산에 대한 해박한 지식을 갖고 있는 담당자들이 더러 있다. 이런 경우에는 유치권 신고가 되어 있다하더라도 낙찰자의 신용 및 직업, 소득, 대출금 이자 납부 능력을 확인하고 대출이 가능하며 유치권 성립조건이 아니라고 판단되면 낙찰된 물건의 대출도 가능하다.

유치권은 경매부동산에 직간접적으로 점유해야만 성립되며 점유를 해제당하거나 낙찰자가 점유를 해제한다면 성립되지 않는다. 앞서 설명했듯이 일부 금융권은 대출을 꺼리지만 대출전문가에게 의뢰하면 유치권 신고 물건도 대출이 가능하므로 크게 염려하지 않아도 된다. 그렇다고 모든 금융권에 해당되는 것은 아니고 일부 금융권에만 해당된다.

이 물건(2012타경11397)은 유치권 신고가 되어 있어 일부 금융권에서 대출 실행을 거부하지만 경매와 유치권을 제대로 이해하는 금융권에서 대출이 가능했다. 대출을 통해 아래와 같이 대금을 지급하고 등기촉탁을 할 수 있었다.

사건		2012타경11397 부동산강제경매		매각물건번호	1	담임법관(사법보좌관)		권○탁
작성일자		2013.02.08		최선순위 설정일자		토지:2011.8.10.근저당권 건물:경매개시결정등기		
부동산 및 감정평가액 최저매각가격의 표시		부동산표시목록 참조		배당요구종기		2012.09.03		
점유자의 성명	점유부분	정보출처 구분	점유의 권원	임대차 기간 (점유기간)	보증금	차임	전입신고일자. 사업자등록신 청일자	확정일자	배당요구 여부 (배당요구 일자)

조사된 임차내역 없음
〈비고〉

※ 최선순위 설정일자보다 대항요건을 먼저 갖춘 주택.상가건물 임차인의 임차보증금은 매수인에게 인수되는 경우가 발생할 수 있고, 대항력과 우선 변제권이 있는 주택.상가건 물 임차인이 배당요구를 하였으나 보증금 전액에 관하여 배당을 받지 아니한 경우에는 배당받지 못한 잔액이 매수인에게 인수되게 됨을 주의하시기 바랍니다.

※ 등기된 부동산에 관한 권리 또는 가처분으로 매각허가에 의하여 그 효력이 소멸되지 아니하는 것
해당사항 없음

※ 매각허가에 의하여 설정된 것으로 보는 지상권의 개요
해당사항 없음

※ 비고란

일괄매각, 제시외건물포함 -대금지급기일(기한)이후 지연이자율:연2할 -임대차: 물건명세서와 같음 -2012.5.18. 주식회사 예해건설(사내이사 권○섭)이 공사대금 미수금 645,400,000원의 유치권 신고를 하였으나 그 성립여부 및 범위는 불분명[종전 2012.4.27.유치권신고를 한 주식회사 유로아이앤씨(대표이사 권○섭)의 점유 및 계약상의 지위를 이전받았다고 신고함]

※ 주1 : 경매, 매각목적물에서 제외되는 미등기건물 등이 있을 경우에는 그 취지를 명확히 기재한다.
  2 : 최선순위 설정보다 먼저 설정된 가등기담보권, 가압류 또는 소멸되는 전세권이 있는 경우에는 그 담보가등기, 가압류 또는 전세권 등기일자를 기재한다.

2012타경11397 물건명세서

2013.02.15	채권자 권■섭 매수신청서 제출
2013.03.04	최고가매수신고인 열람및복사신청 제출
2013.03.11	채무자겸소유자 박■선 항고장 제출
2013.03.11	채무자겸소유자 박■선 열람및복사신청 제출
2013.03.13	채권자 권■섭 열람및복사신청 제출
2013.03.18	근저당권자 주식회사모아저축은행 열람및복사신청 제출
2013.05.03	최고가매수인 등기촉탁신청 제출
2013.05.03	최고가매수인 매각대금완납증명
2013.05.03	채권자 권■섭 예납금환부신청 제출

2012타경11397 문건처리내역

다음 물건(2010타경478)이 정당한 유치권인지 생각해 보자!

소액임차인이 권리신고 겸 배당요구를 했으며 본인이 점유하는 곳은 방1칸이다. 그런데 소액임차인은 방1칸을 점유사용하면서 주민등록전입신고를 하고 확정일자 또한 교부 받았다. 이후 공사대금 55,700,000원을 변제받아야 한다고 주장하며 유치권 신고를 하였

다. 필자는 허위유치권임을 확신하여 배당배제 신청을 하고 이후 배당기일 배당이의를 신청하여 승소하였다. 이 물건 또한 유치권이 신고되어 있음에도 불구하고 대출을 받았고 채권자인 새마을금고 동소문동지점은 대출금 손실 없이 대출지연 이자까지 배당받았다.

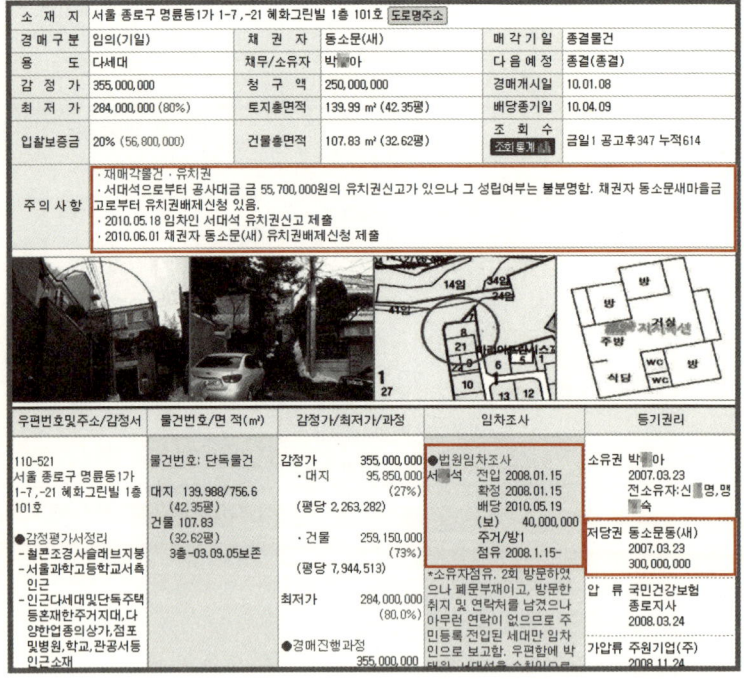

사건	2010타경478 부동산임의경매			매각물건번호	1		담임법관(사법보좌관)	정종진
작성일자	2010.06.09			최선순위 설정일자	2007.3.23.근저당			
부동산 및 감정평가액 최저매각가격의 표시	부동산표시목록 참조			배당요구종기	2010.04.09			

점유자의 성명	점유부분	정보출처 구분	점유의 권원	임대차 기간 (점유기간)	보증금	차임	전입신고일자, 사업자등록신 청일자	확정일자	배당요구 여부 (배당요구 일자)
세■석	101호	현황조사	주거 임차인	미상	미상		2008.1.15.	미상	
	전부(방1칸)	권리신고	주거 임차인	2008.1.15.부터 현 재까지	4,000만원		2008.1.15.	2008.1.15.	2010.05.19

〈비고〉

※ 최선순위 설정일자보다 대항요건을 먼저 갖춘 주택,상가건물 임차인의 임차보증금은 매수인에게 인수되는 경우가 발생할 수 있고, 대항력과 우선 변제권이 있는 주택,상가건
물 임차인이 배당요구를 하였으나 보증금 전액에 관하여 배당을 받지 아니한 경우에는 배당받지 못한 잔액이 매수인에게 인수되게 됨을 주의하시기 바랍니다.

※ 등기된 부동산에 관한 권리 또는 가처분으로 매각허가에 의하여 그 효력이 소멸되지 아니하는 것
해당사항 없음

※ 매각허가에 의하여 설정된 것으로 보는 지상권의 개요
해당사항 없음

※ 비고란
세■석으로부터 공사대금 금 55,700,000원의 유치권신고가 있으나 그 성립여부는 불분명함, 채권자 동소문새마을금고로부터 유치권배제신청 있음.

2010타경478 물건명세서

"일반인들이 접근하기 어려운 물건에 응찰하라."

유치권이 접수되어 흠집 있어 보이는 물건도 대출이 가능하다.

금융기관 담당자들이
반드시 알아야 할 기본 정보

최근 들어 신종사기 수법이 날로 지능화되고 있고 일부 금융권을 상대로 한 부동산 사기도 증가하고 있는 추세이다. 매매계약서도 임대차계약서도 위조한다. 대출을 실행하고 근저당권까지 설정하였는데 소액임차인을 전입시켜 소액임대차 보호법을 악용하는 사례 또한 빈번하게 일어나고 있다.

이러한 피해를 예방하기 위해서 금융기관 담당자들은 다음 사항을 반드시 염두에 두어야 한다.

주민등록전입은
대출 당일 조사해야 한다

　　　　　　　　　　　금융 기관이 대출 당일 가장 중요하게 처리해야하는 일은 대항력의 기본인 주민등록 전입조사를 대출 실행 '당일' 조사하는 것이다. 대출신청자(소유자 또는 채권자)와 각별히 가까운 사이라 하더라도 주민등록은 가볍게 볼게 아니다. 일부 중개업소에서 매매잔금을 처리 시 왜 주민등록 전입조사를 하느냐고 하는 경우가 더러 있다. 아직도 주민등록전입의 중요성을 모르고 하는 이야기이다. 대항력의 기본인 주민등록전입자 확인은 매우 중요하니 대출 실행 당일 주민등록전입자 확인은 필수로 하자.

　특히 경매나 공매가 진행될 때는 매우 중요하다. 금융기관 담당자들이 전입조사를 제때 실시하지 못하고 대출이 실행된 물건에 있어서 경매가 진행된다고 가정하여 보자. 대출 실행일 즉 근저당권 설정일보다 미리 전입신고를 마친 자는 금융기관보다 우선적으로 대항력을 갖추게 된다. 우선적으로 대항력을 갖춘 임차인이 점유하고 있는 경매 부동산의 경우 낙찰가가 현저히 낮아짐으로 대출금액의 채권회수가 어렵게 된다.

　등기부등본에는 주소가 영문으로 기재가 안 된다. 지하층의 경우는 지하층 몇 호인지 정확히 확인해야(지하층의 경우는 영문 B를 사용하기도 하나 등기부등본에는 지하층이라고 표기된다)한다. 빌라의 경우도 영문 A동, B동이라고 기재가 된 부동산도 등기부등본에는 한글(에이 또는 비)로 표기되기 때문에 정확한 확인을 요한다. 주소가 두 가지로 된 경우(2필지)도 정확히 확인하여야 한다.

소유자의 거주불명등록 신청은 곧이곧대로 믿지 말자

부동산 담보 대출에 있어서 주민등록전입자 확인 시 추가확인 사항이 한 가지 더 있다. 주민등록전입자가 있을 경우 전입당사자가 누구인지 확실히 파악해야 한다. 간혹 매매잔금 대출 시 매도인의 "아무런 관계가 없는 사람이다", "모르는 사람이다"라는 말을 그대로 믿고 대출을 실행하는 경우가 있다. 이런 물건이 경매로 진행될 경우 선순위 전입자가 되어 대출담당자를 곤경에 빠뜨리는 경우가 많다. 이렇게 선순위로 전입된 전입자가 있어서 피해를 보는 경우가 허다함으로 전입자가 있을 때에는 현장에 방문하여 필히 불거주사실확인 및 전입자로 등록된 전입자의 인감을 첨부하여 인감도장 날인과 동시에 임대차관계가 없다는 사실 확인을 하여야 한다.

또 이와 유사한 방법으로 금융기관 담당자의 골칫거리가 되는 사례가 있다. 주민등록 전입조사를 실시하여 보니 전입자가 있음에도 불구하고 마찬가지로 "임대차관계가 없다" 혹은 "잘 모르는 사람이다", "누가 전입만 해놓았더라"고 주장하는 소유자가 더러 있다. 이런 경우 대출담당자는 사실 확인에 어려움을 겪는다. 이때 매매잔금 대출이나 담보대출 시 소유자가 해당 기관에 '민원' 또는 '건의'하여 거주불명 신청을 하겠다고 한다. 그러나 이것도 조심해야 한다. 대출을 받기 위해 악의적으로 접근할 수 있기 때문이다. 이렇게 민원으로 관계기관에 '거주불명등록'을 한다 하여도 관계기관이 이를 조사하는 데 다소 시간이 걸리며 금융기관이 이를 근거로 대출을 실행한 이후 사건이 발생할 소지가 있으므로 정확한 정황을 확인하여야 한다. 만약 이 부동산이 경매가 진행되면 소유자는 선순위 전입자와 공모하여 금융기관에 피해를 입히게 되며 선순위 전입자가 실질적으로 진정한 임차인이라면 그 임대차금액만큼 금융기관은 손해를 보게 된다.

결론적으로 대출 실행 당시 전입자가 있다면 금융기관 담당자는 그 전입자가 전출을 했는지의 여부와 현장에 방문하여 임대차계약서 원본을 직접 확인한 후 대출을 실행해야 함을 명심하자.

매매계약서를 맹신하지 말자

일부 금융기관들은 부동산 중개업소에서 작성한 매매계약서와 신규분양계약서를 맹신하기도 한다. 이를 기준으로 대출금액을 과다하게 실행하였다가 소유자겸 채무자가 대출금을 연체하여 해당법원에 경매신청을 했을 때 최종 낙찰금액이 현저히 낮은 경우가 빈번하게 발생하기도 한다. 응찰자들이 현지에 방문하여 현장조사를 실시하고 입찰가격을 정하기 때문이다. 중개업소를 통하여 계약된 계약서라 하더라도 양도세 때문에 가격을 낮춰 쓰는 계약서(속칭 다운계약서)의 경우는 별문제가 없지만 (엄밀히 말하면 이것도 문제가 된다) 부동산매매금액을 올려서 기재하는 속칭 업계약서도 많기 때문에 주의해야 한다. 이럴 경우를 대비하여 해당 부동산 인근 중개업소에 전화해서 시세를 파악해야 한다. 주변 부동산 가격을 매매계약서나 매매물건의 등기부등본을 참고하여 문의하면 적정 시세를 충분히 가늠할 수 있다.

빌라 신규분양계약서의 경우도 분양계약서를 절대 맹신하면 안 된다. 현지에 방문하여 실제로 내부가 완공되었는지 확인해야 하고 인근 중개업소를 통하여 시세를 파악해야 한다. 이러한 여러 가지 검증을 거치고 난 후 대출을 실행한다면 채권회수의 어려움은 해소될 것이다.

쌍방계약서는 허위로 작성된 경우가 많다

중개업소를 통하여 계약된 계약서도 100% 신뢰할 수 없는 경우가 많다. 더욱이 개인끼리 매매계약한 경우는 통모 또는 허위 계약일 가능성이 더욱 높다. 이러한 경우에도 현장조사를 실시하고 인근 부동산에 방문 또는 전화 문의하여 부동산의 실제가격을 확인하여야 추후 문제 발생의 소지를 예방할 수 있다.

임대차계약서는 원본을 확보하자

물론 전부는 아니지만 전세임대차 또는 월세임대차 계약이 있는 상태에서 매매계약을 체결할 때 임차인의 임차보증금을 승계하는 경우가 많다. 이러한 계약체결 시 대출이 발생하는 경우 임대차계약서 원본을 확인하여야 한다. 원본 확인과 더불어 임차인의 연락처 또한 확보해야 한다. 더 좋은 방법은 매매부동산에 직접 방문하여 임차인을 확인해 정확하고 유효한 임대차 계약인지 확인해야 한다. 간혹 금융기관에 허위임대차 계약서(사문서 위조에 해당)를 작성하여 제출하는 경우도 있다. 이러한 경우 대출금 회수는 고사하고 원금손실의 위험도 있으니 명심하자.

부실로 이어지지 않도록
인적담보를 세우자

　　　　　　　　최근 들어 공짜 집을 마련했다고 하는 말을 많이 한다. 그러나 공짜 집은 절대 없다. 감정가 1억 원의 경매부동산을 8천만 원에 낙찰받아 낙찰가의 80%인 6천 4백만 원을 대출 받았다. 그리고 6천 4백만 원에 임대차계약을 하여 그 보증금으로 대출금을 상환하였다고 가정해보자. 겉으로 보기에는 내 돈 하나 안들이고 집 장만 한 것 같지만 실제는 그렇지 않다. 임대차보증금도 채권이다. 임대차 계약기간 만료일에 지급해야 되며 내가 해당 부동산에 입주한다면 6천 4백만 원 전부를 임차인에게 지급해야 한다. 그 돈이 어디서 나오는가? 결국 소유자 주머니에서 나온다.

　　금융기관에서 대출을 실행함에 있어서 낙찰자의 신용정보도 중요하지만 물적담보(부동산)와 인적담보(채무자) 또한 중요하다.(자필자서 시 가급적 직장을 다니는 '배우자'를 채무자로 하자) 사실 대출을 실행하기에 앞서 담보제공 + 채무자 보증제도를 활용하였으면 한다. 가급적 채무자를 신용이 우수하고 재직증명이나 원천징수 가능자 또는 소득이 있는 자를 채무자 입보하게 한다. 이렇게 대출이 실행되었을 경우 연체율이 낮은 것으로 확인 되었다. 가급적이면 담보제공 + 채무자 입보형식으로 대출계획을 세우고 대출을 실행 한다면 대출금 연체도 낮아질 것이고 부실채권화 될 가능성이 적어질 것이다.

소액임대차 계약자(후순위 임차인)를 조심하자

경매로 진행되는 부동산의 소액임차인의 경우 주택임대차 보호법에 근거하여 최우선변제로 보호받게 된다. 현재 이 소액임대차보호법을 악용하여 소액임차금을 편취하는 경우가 많아 소액임차인 배당으로 인하여 금융기관이 채권회수를 못하는 경우가 많다. 일부 지방의 제2금융권이 피해를 많이 보는 것으로 추정된다.

소액임차인의 임대차계약의 경우는 가장 임차인인지의 여부와 더불어 어떤 형식으로 점유하며 사용하고 있는지의 여부, 적법한 임차인인지의 여부 등에 따라 배당이의 소송 판결이 다르게 선고된다.

보통 인천과 부천의 빌라, 다세대주택, 연립 등에 대출을 과다하게 실행한 금융기관이 많은 손실을 보고 있는 것으로 추정된다. 이를 예방하기 위해서는 소액임차인의 적법성 여부를 확실히 따져야 한다. 만약 소유자겸 채무자가 소액임차인과 공모 또는 통모하여 소액임차인이 배당을 받았을 시 대출금에 대한 채권자인 금융기관의 채권감소를 초래했기 때문에 추후에 부담해야 하는 금액이 더 많다는 것을 알려주고 있다. 이것을 소유자겸 채무자가 알게 된다면 소액임대차보호법을 악용하여 소액임차금을 편취하려는 일들은 감소할 것이다.

> 3대가 잘사는 Secret 9

금융기관 담당자가 매매잔금 대출실행 시 조심해야 할 사항

이 대출사건은 실제 사건이다. 여러 금융기관과 매매잔금 업무를 하다 보니 다양한 사례를 경험하게 된다. 해당 담당자의 잠깐의 실수로 어처구니없는 곤경에 빠져 금전적 손실은 말할 것도 없고 금전을 변제해야 하는 상황에까지 놓이게 된 사건이다.

일반적인 부동산 매매잔금 업무는 통상 법무사사무소에서 진행한다. 보통 서민들은 대출을 활용하여 주택을 매입하는 경우가 대부분이기 때문이다. 대출 없이 순수한 자신의 현금으로만 부동산을 매입하는 경우는 매우 드물다. 4.1 부동산 대책의 수혜로 부동산 매매가 활성화되면서 금융기관의 대출도 잠시 활성화되기도 했다. 제 1금융권의 경우는 대출상담사를 통해 대출을 확대한다. 보통 1금융권은 대출상담사들이 일정기간 대출업무와 안전수칙 교육을 이수하고 부동산 중개업소를 상대로 대출업무를 진행하는 경우가 대부분이다. 제 2금융권은 1금융권과 약간의 차이가 있다.

제 1금융기관의 대출은 부동산 중개업소를 상대로 진행되는 경우가 많다. 일반적이라면 부동산소유권 이전 시 매도인과 매수인

쌍방이 중개업소에 집결하고 금융기관이 지정한 법무사 사무소의 등기직원이 부동산 중개업소에 방문하여 소유권 이전에 필요한 잔금을 치루는 형식으로 부동산 매매가 진행된다. 이때 매수인이 잔금이 부족할 경우 금융기관에 대출을 신청하여 대출신청금이 실행되면 금융기관은 공제보험에 가입된 지정(전속)법무사의 통장으로 해당금액을 이체하는 것이 통상이다. 대출을 실행하기에 앞서 금융기관의 지정(전속)법무사는 소유권 이전에 필요한 서류 발급과 진행 사항을 부동산 중개업소를 통해 미리 확인한다. 그리고 매도인과 매수인을 만나는 시간을 정한다. 그런데 이런 과정에서 잠깐의 실수로 돌이킬 수 없는 결과를 초래하는 일이 일어난다.

상식적으로는 해당 금융기관에 직접 또는 간접적으로 방문하여 자필자서를 하는 것이 관례이다. 그러면 금융기관에서 대출을 실행하는 날 자필자서를 한 매수인에게 대출금을 지급해도 되겠구나라고 생각한다. 그러나 그렇지 않다. 매수인은 잔금을 치르고 소유권 이전을 해야만 매매계약을 체결한 매수인으로서 진정한 소유자가 되는 것이다. 그러나 이런 매매과정 중에서 한 번의 실수로 금융기간이 큰 손실을 보는 어처구니없는 경우도 발생할 수 있다는 것을 명심하자.

금융기관의 대출을 실행하여 부동산 매매를 할 때 대출상담사와 법무사 직원이 부동산 중개업소에서 매도인, 매수인과 함께 동행하여 은행에 가서 대출금을 받아 잔금을 치르는 경우가 많다. 이때 대출을 신청한 매수인이 일단 내가 매수인이니 내 통장으로 대출금을 송금해달라고 요청한 적이 있었다. 지금 바로 송금해주면 이 자리에서 즉시 출금하여 매도인에게 지급하겠다는 것이다. 부동산 중개업소에서 매매계약도 체결하였고 계약금도 지불하고 하였으니 진정한 매수인으로서 의심의 여지가 없었던 것이다. 이에 해당 금융기관의 대출상담사와 부동산 중개업자 그리고 소유권 이전을 위하여 방문한 법무사 직원 모두 별 의심 없이 금융기관에 통보하여 매수인의 통장으로 대출금을 지급하게 하였다. 매수인은 금융기관에서 송금된 사실을 확인한 후 잠시 화장실엘 다녀오겠다고 하고 그 자리에서 사라져 버렸다. 채 몇 분이 지나지 않은 상황에서 매수인에게 송금된 대출금 전액을 인터넷 뱅킹을 통해 타금융기관으로 이체한 사기사건이 발생한 것이다.

이 얼마나 어처구니없는 일인가? 이 상황에서 금융기관의 대출상담사와 이를 진행하는 지정(전속)법무사는 얼마나 어처구니없었겠는가? 이 뿐만이 아니다. 금전적인 손실이 발생했기 때문에 이를 변제해야하는 책임 소재를 가려야 했다. 금융기관의 사기는 날로 지능화 되어간다. 소 잃고 외양간 고치는 일들이 없어야 한다. 믿을 수 있는 부동산 계약이라고 함부로 맹신해서는 안 되며 중개업소를 통하여 매매잔금을 진행할 때에는 법무사 직원과 금융기관 담당자는 정확한 의사소통을 해야만 한다.

먼저 매매잔금 처리를 위해 매도인이 구비해 온 서류를 꼼꼼히 확인해야 하며 매도인의 대출금 수령 확인을 철저히 하여야 한다. 매도인에게 직접 현금으로 잔금을 지급했을 시에는 현장에서 현금 수령 확인증을 매도인에게 발급받아야 하며 매수인이 매도인에게 전체 잔금지급을 하는 것을 확인하여야 한다. 매도인이 소유권 이전에 필요한 일체의 서류를 준비하였을 시(매도용 인감 포함) 이를 진행하는 법무사 등기직원은 매도인에게 대출금을 지급해도 무방하다. 그러나 금융기관에 자필자서를 했더라도 매수인에게 전적으로 대출금을 지급하는 일이 절대 발생하지 않도록 해야 한다.

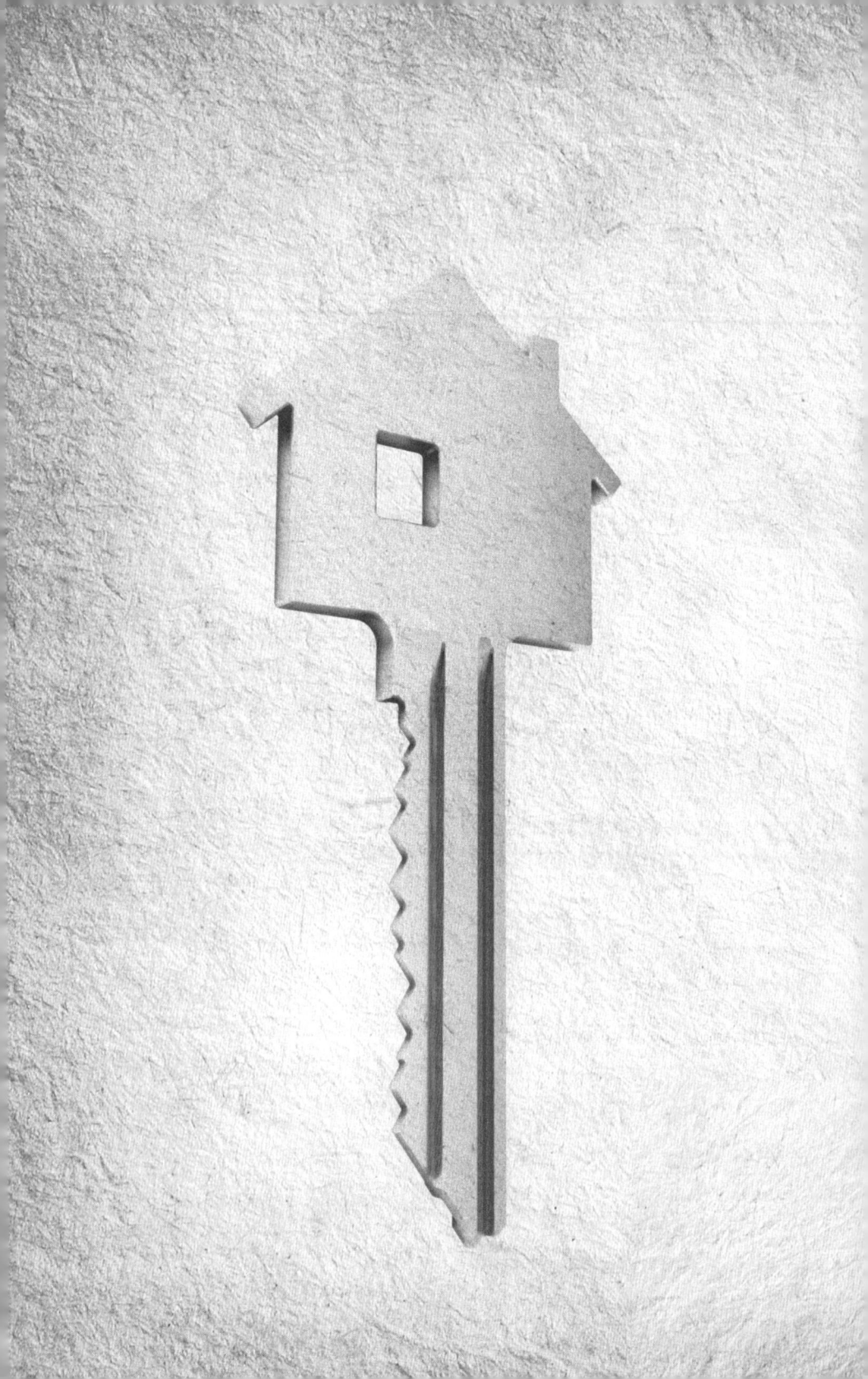

5장

초보는 가라!
부자경매 고수들의
경매 실전 이야기

3대 부자의 완성, 경매 실전!

오피스텔 투자는 신중에 신중을 기하라

자신에게 맞는 경매물건을 선정해야 한다. 자신의 상황을 파악하지 않은 채 입찰하여 낙찰받으면 큰 낭패를 볼 수 있다. 저가에 낙찰 받았다하더라도 시장상황이 나빠지면 빨리 매도하고 나오는 것도 현명한 방법이다.

필자가 공매로 낙찰을 받아 손해는 보지 않았지만 기대했던 수익을 올리지 못했던 아쉬운 사례를 살펴봄으로써 이런 실수를 반복하지 않도록 다짐해본다.

다음 물건(공매관리번호 2007-08460-001(압류재산))은 감정가 대비 64%에 낙찰받았으니 낙찰가로 보면 낙찰을 잘 받은 오피스텔이다. 배분(경매의 배당과 같은 의미로 공매에서는 배분이라 한다)시 임차인도 있으니 명도 문제도 그리 어려울 것이 없었고 위치와 여러 가지 조건을 비교해보아도 꽤 괜찮은 우량물건이었다. 그러나 손해만 보지 않았지 기대치보다 너무 적은 수익을 내고 만 물건이다. 지금도 가끔 이 건물 앞을 지날 때면 그때 그랬었지 하는 아쉬움이 남는 물건이다.

여러 가지 제반여건이 좋았던 이 물건을 단기매도 하기 위해서는 인근 중개업소에 의뢰하는 것이 최선이었다. 수요와 공급에 따라 가격이 형성되는 중개업소 특성을 감안해 볼 때 그 당시 오피스텔에 대한 수요는 어느 정도 괜찮은 상황이었다. 그러나 낙찰받은 그 물건이 오피스텔 밀집 지역에 있던 터라 중개업소에 매물로 나온 오피스텔들이 너무나 많았다. 매수인들은 이것저것 조목조목 따져가며 가격을 흥정할 수 있었다. 상대적으로 싼 급매물이 먼저 매도되었고 그 다음으로 필자의 물건이 매도되었다. 양도세를 간과한 것도 문제였다. 이때 당시 단기매도의 경우 50%의 양도세를 부담해야 했으므로 발품 팔아 고생한 것에 비해서 수익률은 매우 저조하였다.

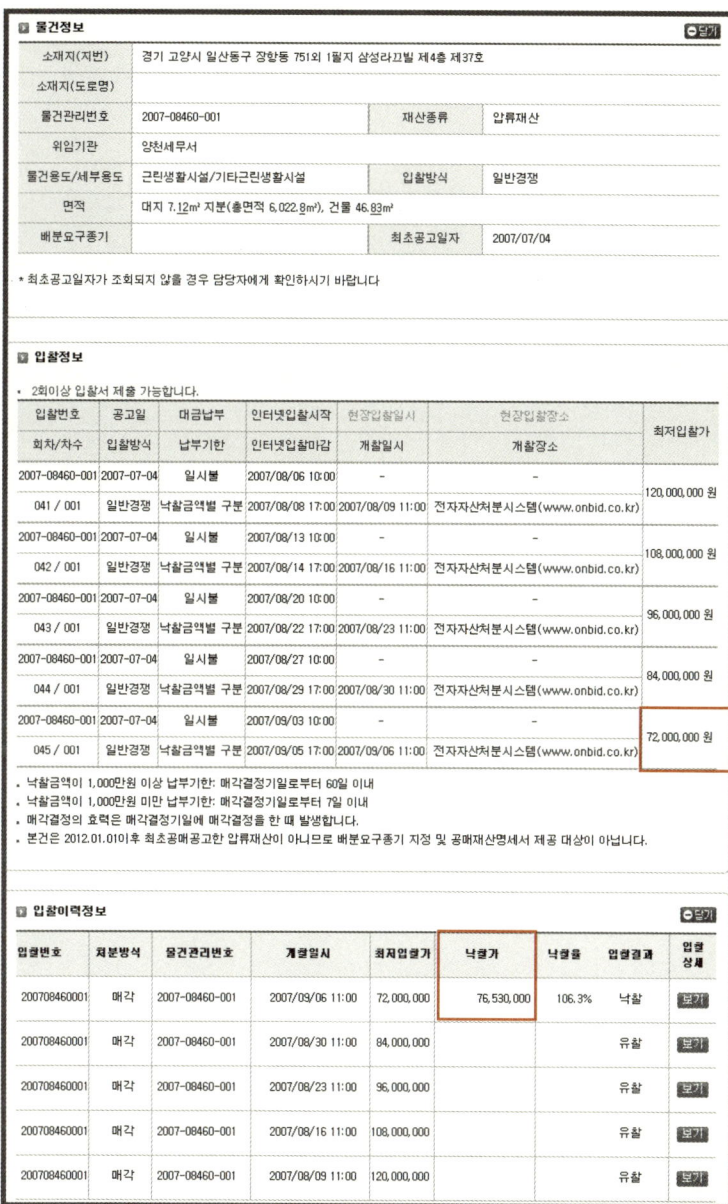

공매로 낙찰받은 오피스텔 공매관리번호 200708460001

매도하고 난 후 수익률이 낮은 원인을 분석해보았다. 첫째는 오피스텔 밀집지역에 낙찰받은 것과, 둘째는 오피스텔 투자 목적에 대한 이해가 부족했기 때문이었다. 오피스텔은 40대 후반에서 5, 60대가 안정적인 월임대수익을 목적으로 구매한다는 것이다. 그래서 어느 정도의 수요는 있지만 과잉공급에 따른 매수가 뒷받침되지 않기 때문이고, 일부 중개업소가 인터넷 매물등록 방식으로도 중개하기 때문에 가격 메리트 있는 매물 위주로 중개했기 때문이었다. 결론적으로 필자는 단기 매도 차익을 목적으로 하는 오피스텔은 추천하고 싶지 않다. 현재 트렌드를 감안한다면 월임대수익을 목적으로 하는 소형 오피스텔은 좋은 투자물이기는 하나 신규 분양 오피스텔은 투자가치가 떨어진다. 그래도 오피스텔이 대세라고 생각한다면 경매나 공매물건을 유심히 관찰하였다가 낙찰받는 방법이 좋을 것이다.

남들이 기피하는 지하층이 돈이 된다

수없이 진행되는 경매, 공매 가운데 투자 가치가 높은 부동산은 경쟁력이 치열하다. 그런 물건들은 소문이 퍼져 응찰자가 너무 많아 낙찰가가 고공행진을 한다. 그러나 이런 소문난 물건보다 일반 사람들이 기피하는 물건에 투자하는 것도 현명한 투자 전략이다. 남들이 꺼려하는 물건이라고 해서 모두 나쁜 물건으로 간주하기에는 이르다. 실제 현장조사를 해보면 의외로 수익성이 좋은 물건들이 많다.

그 중에 하나가 바로 '지하층'이다. 남들이 꺼려하는 지하층이 있는 빌라, 다세대주택, 연립을 공략하자. 적합한 물건을 선정하면 꼼꼼한 현장조사는 필수이다. 현지에 방문하여 매물로 나온 지하층이

몇 개인지, 형성된 가격대는 얼마인지, 매물로 나온 물건의 전용면적은 몇 평인지 꼼꼼히 확인한다. 그리고 선정한 물건의 위치와 교통여건, 인근에 재래 시장이나 편의시설이 가까이 있는지도 확인한다. 특히 지하층은 여름철 장마 시 불편할 수도 있기 때문에 주위 환경과 건축년도 확인도 필수적이다. 더구나 이러한 물건이 번화가에 위치하고 있다면 돈 되는 물건으로 탈바꿈 할 수 있다. 번화가에 위치하고 있다는 것은 지하철역이 가까이 있고 교통 여건이 매우 우수하다는 것을 뜻한다. 경기 지역도 대부분의 번화가는 역세권 주변에 형성되어있다. 당연히 역세권과 번화가에는 유동인구가 많다. 그리고 역세권과 번화가에 매물로 나온 빌라 지하층이 매매가 잘된다는 것을 일반사람들은 잘 모른다. 그렇기 때문에 이런 지하층이 경매나 공매로 나오면 응찰자수가 적어 낙찰가도 매우 낮다. 또 다른 장점은 투자되는 현금도 많지 않다는 것이다. 대출이 낙찰가의 90%까지 가능하기 때문이다.(제 1금융권인 중소기업은행과 제 2금융권인 새마을금고, 신협, 단위수협)

이렇게 낙찰받은 지하층 물건은 매도도 수월하다. 저가에 낙찰 받은 만큼 최대한 멋지게 내부 인테리어를 리모델링한다. 앞서 언급했듯이 화이트계열로 해야 상대적으로 더 넓어 보인다. 씽크대와 전등, 전기용품, 장판과 벽지도 기본적으로 모두 교체해야한다. 특히 임대수익을 목적으로 한다면 큰 평수보다는 전용면적 15평 이하를 공략한다. 이런 빌라 지하층을 찾는 임차인들이 의외로 많다. 인근 번화가에 종사하는 이들이 선호하기 때문이다. 그런 이유에서 리모델링까지 깨끗하게 되어있는 지하층은 다른 지하층에 비해 보증금과 월차임도 더 받을 수 있다. 필자가 이런 물건을 추천하면 고개를 절래절래 흔드는 경우가 있는데 실제는 다르다. 이런 물건은 투자금액이 3천만 원 미만일 테고 대출을 받는다 해도 금리가 낮기 때문에 월세로 대출 이자를 상환해도 충분한 수익이 발생한다.

이런 물건을 반드시 보유하라는 것은 아니다. 현금 자산이 여의치 않기 때문에 물건을 보유하면 다른 물건에 투자하기 힘들다. 부동산 보유는 충분한 현금 자산이 있는 사람들에게 해당된다. 우선 보증금 잘 받고 월임차금(월세) 꼬박 꼬박 잘 나오는 우량물건으로 단기간 내에 만들어 두자. 나보다 나은 현금 보유자들은 바로 이런 물건을 찾고 있다는 것을 명심하자. 단기 매도를 통해 충분한 수익이 가능하다.

바로 검증해 보라!
위치와 교통여건이 좋은 번화가의 빌라, 다세대주택, 연립의 지하층에 도전해 보라.
단, 완전 지하층보다는 반지하층을 선택하여야 한다.
다음(2000타경15149) 물건이 좋은 사례이다. 이 물건은 지하철 5호선 우장산역에서 도보 3분 내에 위치하고 있다. 초역세권이다. 리모델링을 마치자마자 인근 중개업소에서 매수 문의가 빗발쳤던 물건으로 직접 매도하여 수익이 더 좋았던 사례이다.

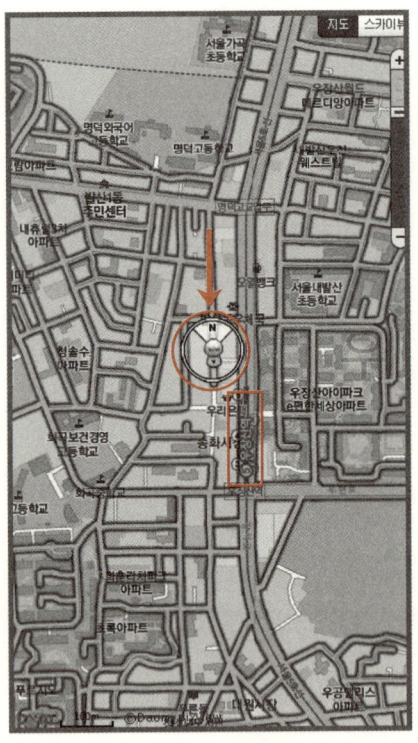

2000타경15149 주변지도

소 재 지	서울 강서구 내발산동 718-14 덕현빌라지하층01호 도로명주소				
경매구분	임의(기일)	채 권 자	주택은행	낙찰일시	01.03.02 (종결:01.12.18)
용 도	연립	채무/소유자	노■화	낙찰가격	66,511,000
감 정 가	90,000,000	청 구 액	20,243,536	경매개시일	00.05.12
최 저 가	46,080,000 (51%)	토지총면적	31.22 m² (9.44평)	배당종기일	
입찰보증금	응찰가의 10%	건물총면적	73.26 m² (22.16평)	조회수 조회통계	금일1 공고후6 누적3

우편번호및주소/감정서	물건번호/면 적(m²)	감정가/최저가/과정	임차조사	등기권리
157-280 서울 강서구 내발산동 718-14 덕현빌라지하층 01호 ●감정평가서정리 - 철콘조슬래브지붕 - 우장산역독서촉인근 - 버스(정), 5호선 우장산역근거리소재 - 개별가스온수보일러 난방 - 동측6m세로한면접함 - 지하주차장시설 - 일반주거지역 - 고도(수평)지구 - 공항지구 감정평가액 대지:45,000,000원 건물:45,000,000원 000.06.22 제일감정	물건번호: 단독물건 대 31.22/562.4 (9.44평) · 건 73.26(29.56평형) 4층-95.08.29보존 남향,계단식	감정가 90,000,000 · 대지 45,000,000 (50%) (평당 4,766,949) · 건물 45,000,000 (50%) (평당 2,030,686) 최저가 46,080,000 (51.2%) ●경매진행과정 90,000,000 ① 유찰 2000-11-24 20%↓ 72,000,000 ② 유찰 2000-12-22 20%↓ 57,600,000 ③ 유찰 2001-01-19 20%↓ 46,080,000 ④ 낙찰 2001-03-02 66,511,000 (73.9%) -응찰:9명 -낙찰자:홍■현 종결 2001-12-18	●법원임차조사 (소유자와내연관계로 별도계약했다고주장) ☎665-4842 이■봉 전입 1999.06.22 확정 1999.06.22 배당 2000.11.18 (요구액-1500만-방1) ●지지옥션세대조사 새 99.06.22 이■봉 새 00.08.29 노■화 새 00.11.29 조■윤 주민센터확인:2000.12.00	근저당 주택은행 내발산 1998.01.07 26,000,000 가압류 덕현건설 1998.03.25 25,000,000 외4건합:6788만 근저당 송■선 1998.05.14 8,000,000 *발급일자:2000.12.06 압 류 강서구 1998.06.25 임 의 주택은행 2000.05.16 등기부채권총액 59,000,000원

2000타경15149

빅 리스크 빅 마진을 명심하라

경매의 경우 리스크가 커서 위험해 보이지만 그에 따른 대가로 수익은 최대로 올릴 수 있는 물건들이 종종 있다. 선순위 임차인이 점유하고 있는 물건인데 임차금 파악이 제대로 안 되는 물건이거나 선순위로 주민등록전입은 마쳤으나 배당요구를 하지 않은 임차인이 점유하고 있는 물건이 대표적이다. 이런 경우는 응찰자도 많지 않다. 선순위 임차인의 임차보증금 전액을 고스란히 대신 물어줘야 하는 사태가 생길 수 있기 때문이다.

그러나 이런 빅 리스크가 있는 물건은 경매고수나 경매전문가들이 선호하는 물건 중 하나이다. 입찰보증금을 몰수당하는 일까지도 발생할 수 있고 별도의 소송이 패소할 수도 있다는 것까지 염두에 두고 입찰해야 되기 때문에 이에 따른 리스크 관리가 필수적이다. 이런 빅 리스크 물건은 세심한 권리분석과 고도의 집중력, 꼼꼼한 현장조사가 뒷받침된다면 빅 마진을 안겨주는 우량물건으로 변신한다.

 필자가 낙찰받은 사례를 살펴보자. 이 사건(2004타경1844)은 최초 근저당설정 전에 미리 전입한 임차인이 점유사용하고 있었다. 임차보증금은 시가 대비 적정수준이었으나 선순위로 전입한 임차인은 위장 또는 가장 임차인이라는 확신이 들었다. 꼼꼼한 현장조사를 하고 여러 권리를 비교 분석하여보니 추가로 변제 또는 인수할 권리가 전혀 없었다. 또 다른 호재는 이 지역이 재건축지역으로 지정되어 부동산 가격이 급등하고 있는 추세였다. 현장조사 과정에서 재건축 바람이 이미 불고 있어 가격 급등의 조짐이 보였기에 기회를 놓칠 수 없었다. 그래서 여러 차례 낙찰되었으나 잔금지급을 못해 소유권이전이 안된 이 상처투성이 부동산에 응찰하여 결국 낙찰받았다. 안타깝게도 기존 낙찰자들은 선순위 임차인의 임대차보증금 전액을 인수 또는 대위변제해야한다는 두려움으로 입찰보증금까지 날린 것이다. 필자는 정확한 권리분석과 민사집행법을 잘 아는 지인과 신중히 상의하여 정확한 법적 근거와 판례를 확인하였고 선순위 임차인을 상대로 명도소송까지 진행하였다.

 명도 소장을 직접 작성하여 법원에 신청해 선순위 임차인이 가장 또는 위장 임차인이며 진정한 임대차계약이 아니라는 것을 소명하여 승소판결을 받았다. 잔금 납부 후 명도소송 과정 중 수차례 대화를 통하여 원만한 명도를 시도하였으나 무산되어 결국 명도소송 승소결정문을 받아 강제집행을 실시하였다. 이 과정 중 위장 임차인이 완강하게 대항하며 크고 작은 사건들을 일으켜 집행관과 더불어 일부 입회인 입회하에 조조(새벽)에 강제집행을 할 수 밖에 없었다. 위장 임차인이 문도 열어주지 않고 강하게 저항하여 열쇠수리공까지 불러 강제 개문까지 하는 등 집행관들도 고생을 많이 한 물건이었다.

여러 우여곡절 끝에 명도 과정이 종료되었고 재건축 바람이 불어 부동산 가격이 상승세를 타서 곧바로 좋은 가격에 매도하여 결국에는 큰 수익을 올릴 수 있었다. 이 물건 역시 고생한 만큼 충분한 대가를 보상하여 준 사례가 되었다.

소 재 지	서울 강북구 수유동 573-8번지 명주빌리지 나동 3층 301호 [도로명주소]				
경매구분	임의(기일)	채 권 자	하나은행	낙 찰 일 시	05.05.16 (종결:05.07.19)
용 도	다세대	채무/소유자	김◯정	낙 찰 가 격	51,125,000
감 정 가	90,000,000	청 구 액	67,483,808	경매개시일	04.01.27
최 저 가	36,864,000 (41%)	토지총면적	33.47 m² (10.12평)	배당종기일	04.05.01
입찰보증금	20% (7,372,800)	건물총면적	59.4 m² (17.97평)	조 회 수 조회통계	금일1 공고후18 누적1,254
주 의 사 항	·재매각물건				

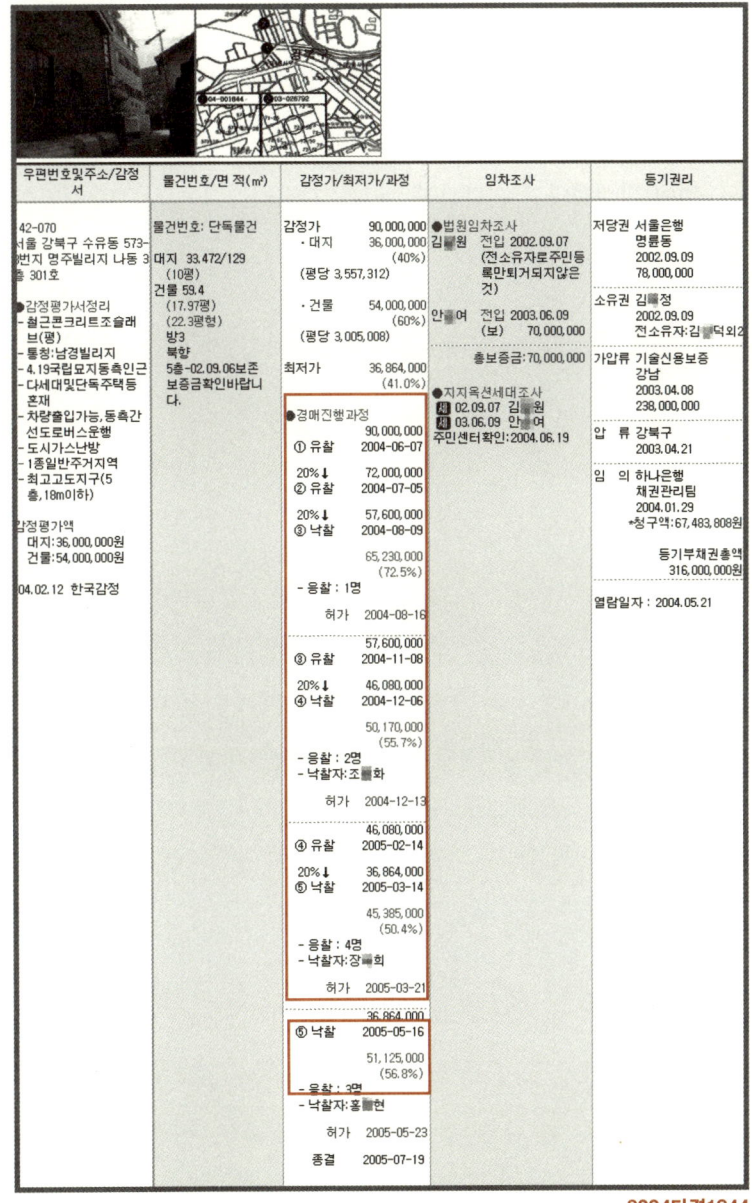

경매의 또 하나의 매력은 일반인들이 도전하기 어려운 물건에 응찰하여 수익을 창출하는 것이다. 필자는 지금도 빅 리스크, 빅 마진 경매물건을 유심히 살펴보고 있다. 정확한 권리분석은 필수이다.

수익이 확실하다고 판단되면 소송도 불사하겠다는 각오로 접근하자.

한 많은 미아리고개 **다가구 주택**

이 경매사건은 ⁽²⁰⁰⁴타경18126⁾ 권리분석도 무척 까다롭고 명도 또한 호락호락하지 않은 다소 특이한 물건이었다. 성북구 소재의 다가구주택이었는데 임차인이 많아 임대만 주어도 충분히 수익이 보장되는 물건이라 위험을 감수하고 입찰했던 사례이다.

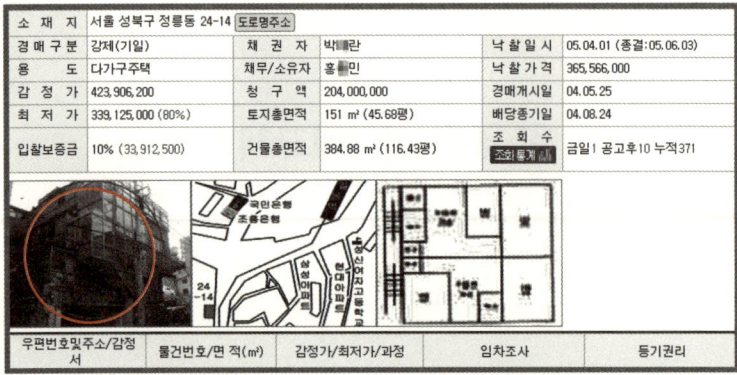

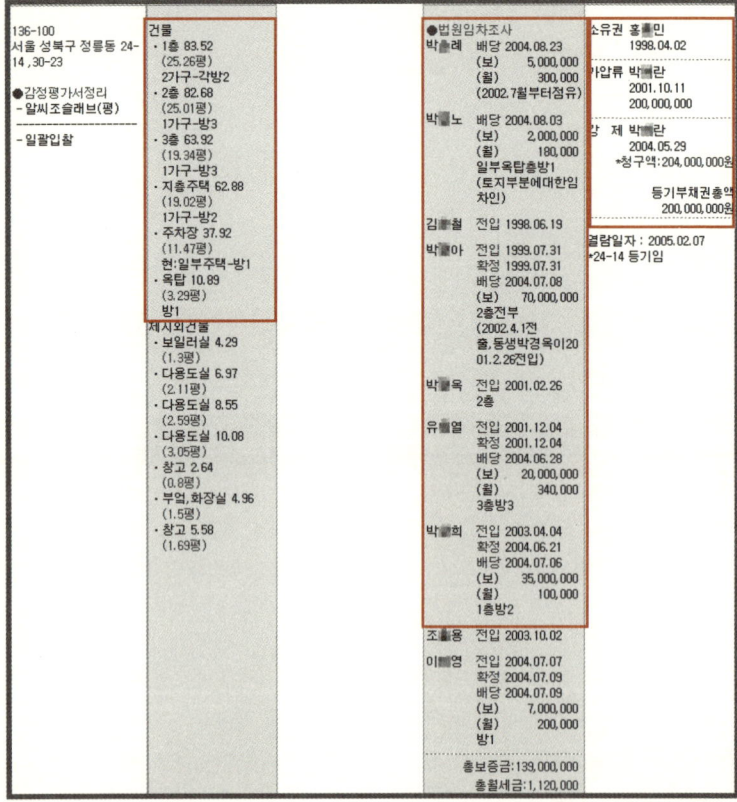

소재지	서울 성북구 정릉동 24-14 [도로명주소]					
경매구분	강제(기일)	채권자	박■란	낙찰일시	05.04.01 (종결:05.06.03)	
용 도	다가구주택	채무/소유자	홍■민	낙찰가격	365,566,000	
감정가	423,906,200	청구액	204,000,000	경매개시일	04.05.25	
최저가	339,125,000 (80%)	토지총면적	151 m² (45.68평)	배당종기일	04.08.24	
입찰보증금	10% (33,912,500)	건물총면적	384.88 m² (116.43평)	조회수	금일1 공고후10 누적371	

건물
- 1층 83.52 (25.26평) 2가구-각방2
- 2층 82.68 (25.01평) 1가구-방3
- 3층 63.92 (19.34평) 1가구-방3
- 지층주택 62.88 (19.02평) 1가구-방2
- 주차장 37.92 (11.47평) 현:일부주택-방1
- 옥탑 10.89 (3.29평) 방1

제시외건물
- 보일러실 4.29 (1.3평)
- 다용도실 6.97 (2.11평)
- 다용도실 8.55 (2.59평)
- 다용도실 10.08 (3.05평)
- 창고 2.64 (0.8평)
- 부엌,화장실 4.96 (1.5평)
- 창고 5.58 (1.69평)

136-100 서울 성북구 정릉동 24-14, 30-23
● 감정평가서정리
- 알씨조슬래브(평)
- 일괄입찰

●법원임차조사
박■레 배당 2004.08.23 (보) 5,000,000 (월) 300,000 (2002.7월부터점유)
박■노 배당 2004.08.03 (보) 2,000,000 (월) 180,000 일부옥탑출방1 (토지부분에대한임차인)
김■철 전입 1998.06.19
박■아 전입 1999.07.31 확정 1999.07.31 배당 2004.07.08 (보) 70,000,000 2층전부 (2002.4.1전 출. 동생박경옥이2001.2.26전입)
박■옥 전입 2001.02.26 2층
유■열 전입 2001.12.04 확정 2001.12.04 배당 2004.06.28 (보) 20,000,000 (월) 340,000 3층방3
박■희 전입 2003.04.04 확정 2004.06.21 배당 2004.07.06 (보) 35,000,000 (월) 100,000 1층방2
조■용 전입 2003.10.02
이■영 전입 2004.07.07 확정 2004.07.09 배당 2004.07.09 (보) 7,000,000 (월) 200,000 방1

총보증금:139,000,000
총월세금:1,120,000

소유권 홍■민 1998.04.02
가압류 박■란 2001.10.11 200,000,000
강 제 박■란 2004.05.29 *청구액:204,000,000원
등기부채권총액 200,000,000원

결탐일자 : 2005.02.07
*24-14 등기임

2004타경18126

등기부등본의 갑구와 을구란을 살펴보면 채권자 박○란이 서울가정법원의 가압류 판결을 받아 경매신청한 '강제경매'사건이다.

【 갑 구 】 (소유권에 관한 사항)				
순위번호	등 기 목 적	접 수	등 기 원 인	권리자 및 기타사항
1 (전 2)	소유권이전	1998년4월2일 제9683호	1998년1월20일 매매	소유자 홍종민 540814-1****** 서울 성북구 정릉동 16-402
				부동산등기법 제177조의 6 제1항의 규정에 의하여 2000년 12월 30일 전산이기
2	가압류	2001년10월11일 제46957호	2001년10월9일 서울가정법원의 가압류 결정(2001즈합561)	청구금액 금200,000,000원 채권자 박애란 서울 성북구 정릉동 16-402
순위번호	등 기 목 적	접 수	등 기 원 인	권리자 및 기타사항
3	강제경매개시결정	2004년5월29일 제31303호	2004년5월25일 서울중앙지방법원의 강제경매개시결정(2004 타경18126)	채권자 박애란 570429-2****** 서울 성북구 정릉동 16-402
— 이 하 여 백 —				
열람일시 : 2005년02월07일 오전 10시19분9초				관할등기소 서울중앙지방법원 성북등기소

2004타경18126 등기부등본

필자가 이 물건을 낙찰받자 경매전문가와 경매고수들조차 임차인의 임차보증금 일부가 인수된다고 야단법석이었다. 그 이유 중 하나는 임차인 박○아가 전출하였기 때문에 대항력이 상실되어 배당금을 못받는다는 것이다. 그러나 임차인 박○아가 전출을 가서 대항력을 상실했어도 박○아의 동생 박○옥이 소유자와 재임대차계약을 했으며 말소기준권리 이전에 전입 및 확정일자를 교부받았기 때문에 박○아는 실제로 배당을 받지 못할 수 있으나 그의 여동생 박○옥은 7천만 원의 임차보증금 채권에 대하여 배당을 받을 수 있었던 것이다. 결국 임차인 박○아의 임차금은 낙찰자에게 인수되는 권리가 아님에도 불구하고 낙찰을 잘못 받았다고 주위에서 이런 저런 말들이 많았다.

이 경매부동산은 꼼꼼하게 권리분석을 하지 않으면 권리가 다소 난해하긴하지만 확실히 돈이 되는 물건이었고 수익도 상당히 좋았다. 그러나 시간이 지난 후 다시 정리해보니 아쉬움 또한 컸다. 이 부동산은 교통이 편리한 것을 비롯해 월차임을 받기에도 좋은 여러 가지 장점이 있었다. 당시에 현금을 조금 더 투자해서 내부를 리모델링해서 임대했다면 임차보증금은 물론 월차임도 더 받을 수 있었는데 그러지 못한 것이 두고 두고 아쉽다.

이 경매부동산의 명도 과정도 눈여겨 볼만하다. 이 부동산을 점유하고 있는 임차인들을 만나보니 이들 대부분은 재계약 의사를 표명했다. 그러나 옥탑 부분을 점유하고 있는 임차인은 연락이 두절되어 인도명령도 송달되지 않아 애를 먹였고, 소유자는 정신과 치료 중이어서 의사소통이 안 되었을 뿐만 아니라 함께 거주하는 소유자의 모친도 너무 연로하여 대화 자체를 할 수 없는 형편이었다. 옥탑방 임차인과 소유자의 명도가 문제였다.

결국 소유자 점유 세대는 강제집행을 실시하기로 결론을 내렸다. 다만 소유자의 모친이 연로하신 관계로 매주 정기적인 정형외과 치료 시간에 맞추어 진행하기로 계획을 세웠다. 사전에 여러차례 법원 집행관과 동행하여 강제집행 예고를 충분히 했음에도 불구하고 자진퇴거 기미가 보이지 않아 어쩔 수 없이 실시하기로 한 터라 마음이 무거웠다.

집행 당일, 소유자 모친이 강제집행 하는 과정을 지켜본다면 정신적인 충격으로 예상치 않았던 일들이 발생할 소지가 충분히 있어서 물리치료 받으러 가는 시간에 맞추어 시도하였다. 그러나 또 다른 문제에 봉착하고 말았다. 내부 짐을 밖으로 원활하게 꺼낼 수가 없었다. 출입문 외 모든 문을 수리해 버린 것이었다. 소유자 모친의 귀가 시간은 임박해오고 출입문 외 어떤 문으로도 짐을 꺼낼 수가 없으니 집행관은 어떻게 할 건지 빨리 결정을 하라고 강하게 필자를 압박했다. 설상가상 가랑비까지 내리는 상황이라 추후 수리 비용을 각오하고 모든 문짝을 뜯어냈다. 결국 문짝을 다 뜯어내고 내부 짐은 법원에서 지정한 익스프레스에 보관하는 것으로 강제집행이 종료되었다. 서글픔과 허탈함으로 끝난 집행이었다.

그나마 다행인 것은 옥탑을 제외한 나머지 임차인들과는 대화를 통하여 좋은 조건으로 임대차계약을 체결했으며 추후 옥탑에 점유하고 있던 임차인에 대한 인도명령이 인용되고 송달되어 잘 마무리를 할 수 있었다.

모든 것을 종료한 후 명쾌한 권리분석과 빠른 명도에 감사하며 서글펐던 마음을 달래며 마무리한 사건이었다.

현대자동차 세일즈맨의 성공적인 투잡

이 사건(2004타경26607)은 필자가 예전에 경매강좌를 할 당시 그 강좌를 보고 멀리서 달려온 어느 현대자동차 직원의 이야기다. 어느 날 예기치 않던 전화 한 통화를 받았다. 주말에 시간을 내줄 수 있느냐고 해서 선뜻 그렇게 하겠노라고 하여 서로 만나게 되었다. 차 한 잔을 마시며 자신은 멀리 있고 직장을 다니는 입장이기 때문에 혼자서 경매물건을 낙찰받아서 어떻게 처리해야 하는지 잘 모르겠다고 하여 도움을 청해왔다. 필자가 물건을 추천하여주면 직접 투자를 할 터이니 수익을 내줄 수 없느냐는 내용이었다. 상황이 여의치 않았을 뿐더러 약간 부담스럽기도 했다.

그러던 중 필자가 이런저런 물건을 검색하다보니 중랑구 지역의 평수도 넓고 매도도 수월할 것 같은 물건이 눈에 띄어 현대자동차 직원에게 의사타진을 하였다.

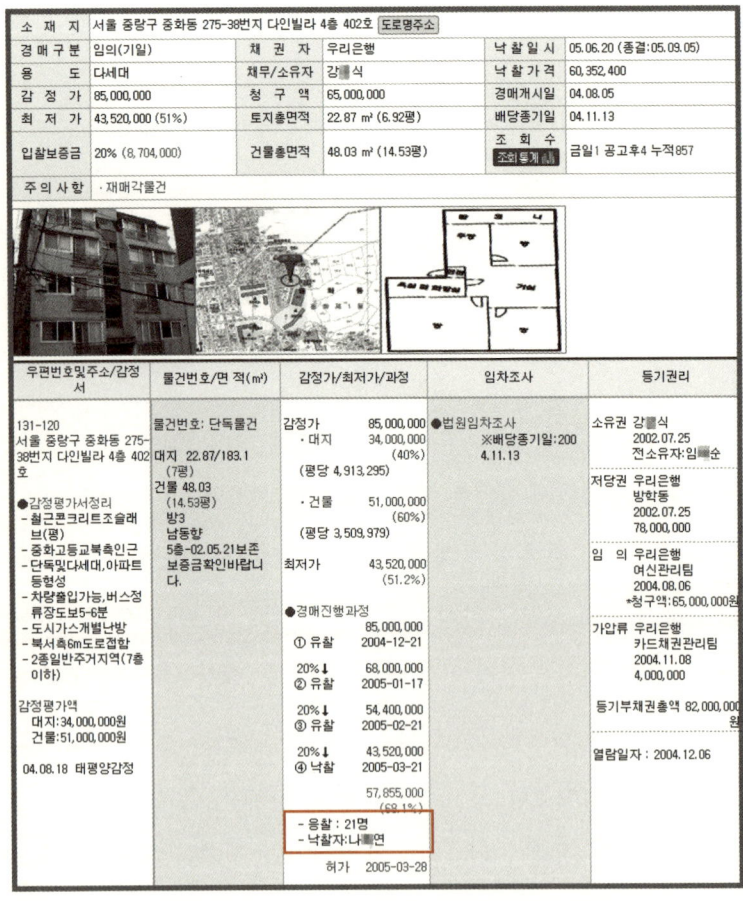

```
              ④ 낙찰    43,520,000
                       2005-06-20
                       60,352,400
                          (71%)
              - 응찰 : 14명
              - 낙찰자:김○원
                       허가  2005-06-27
                       종결  2005-09-05
```
2004타경26607

 흔쾌히 수락하여 바로 현장조사를 했고 낙찰만 잘 받으면 충분한 매도차익이 보장되는 물건이라는 확신이 서서 응찰하여 낙찰받았다. 물론 현대자동차 직원도 손에 쥐고 있는 현금자산이 많지 않아 대출을 받아서 잔금을 치르는 형식으로 진행을 하였다. 또한 잔금을 치른 후 여러가지 비용이 발생하는 부분과 진행 절차에 대해서는 영수증 첨부는 물론이고 꼼꼼하게 정리하여 진행하였다.

 그런데 잔금을 치르고 인도명령이 송달되지 않아 애를 먹게 되었다. 수차례 인도명령을 시도하였으나 결국 점유자를 만나지 못하였다. 결국 공시송달 제도를 이용하여 송달을 하려고 할 즈음 우연치 않게 집에 들른 소유자의 아들을 만날 수 있었다. 자초지종을 설명한 후 약간의 이주비용을 지급한 후 명도를 할 수 있었다. 정말 항상 느끼는 일이지만 명도가 순조롭게 해결이 되어야 일을 즐길 수 있고 마음 또한 편하다.

 이주비용을 지급하고 명도를 마무리하고 나서야 내부를 살펴 볼 수 있었다. 장기간 방치한 부동산이라 내부가 지저분한 건 둘째치고 형편없이 망가져 흉물스럽기가 이루 말할 수 없었다. 어떻게 매도할까 궁리한 끝에 가급적 크게 손을 대지 않기로 결정했다. 도배, 장판과 좋지 않는 부분들만 간단히 교체하고도 바로 매도할 수 있었다. 또한 매수인에게 대출받은 대출금도 승계 처리하여 중도상환수수료 적용도 면제받았으며 내부 수리 비용만큼 양도세도 절감한 성공적인 사례였다.

 이렇게 신속한 명도와 더불어 가벼운 내부 수리만으로 충분한 수익을 얻을 수 있었고 서로 약정한 기준대로 수익을 배분하는 것으로 기분 좋게 마무리하였다.
 이런 좋은 결과를 얻는데 있어 가장 핵심적인 것은 인도명령이 점유자에게 송달되는 기간이다. 이 기간을 단축시켜야만 더 좋은 수익을 얻을 수 있다. 인도명령 제도를 가볍게 생각하지 말아야 한다. 인도명령이 송달되어야 최후의 방법인 강제집행을 실시할 수 있기 때문에 인도명령이 인용된 후 송달될 수 있도록 사전에 미리 철저한 준비를 해야 한다. 예를 들어 점유자와 연락이되어 서로 만나는 시간을 약속했을 때 미리 법원의 집행관에게 그 시간을 미리 알려주어 약속장소에 집행관이 방문하여 점유자에게 직접 송달 할 수 있게끔 하는 방법도 고려해야 한다.
 결국 필자도 신속하게 명도하여 수익을 올릴 수 있었으며 일의 마무리를 하고서야 편안한 잠자리에 들 수 있었다.

대형물건은 묶어서 사고
리모델링하라

 최근에는 다가구주택을 낙찰받아 원룸 형태로 리모델링을 한 후 분양하여 월 임대료를 받는 사업이 증가하는 추세이다. 도심형 생활주택은 임대를 목적으로 하기도 하지만 대부분의 경우는 빌라 분양과 유사하게 매매를 위주로 건축된다. 빌라 분양업자들은 위치 좋고 교통이 편리한 곳의 토지를 매입하거나 오래된 주택이나 다가구주택을 매입하여 건물을 멸실하고 새롭게 건축을 하여 분양을 하기도 한다. 이런 사업구상을 할 때 경매물건을 잘 활용한다면 사업성이 좋다. 더불어 건물을 건축하는 동안에도 금융기관의 대출상품을 적극 활용하여 저금리로 대출을 받는다면 이보다 더 좋은 방법이 어디 있겠는가?

건축업자나 건설회사의 경우 대지지분이 넉넉한 경매물건을 낙찰받아 건물을 멸실하고 신축하는 것이 기존 일반 부동산을 매입하는 것보다 훨씬 큰 수익을 얻을 수 있다. 그러나 신축하여 신규분양하는 빌라나 도심형 생활주택의 가격이 인근 빌라나 연립과 비교했을 때 상대적으로 높다. 이는 건물을 신축할 때 건축자재를 수입에 의존하는 경향이 많아 그에 따른 건축자재비 상승이 공사 현장에 그대로 반영되기 때문이다. 이럴 때 경매나 공매로 낙찰받은 물건을 빌라분양을 주로 하는 건축업자 또는 도심형생활주택을 건축하는 건설회사들에게 좋은 가격에 매도한다면 건축업자는 건축업자대로 경매 물건 낙찰자는 낙찰자대로 이익이 될 수 있다.

보통 경매물건의 경우는 채권자의 경매신청이 법원에 접수되어야 경매가 진행된다. 법원의 경매물건은 각양각색이며 여러 종별로 경매 입찰이 진행되는데 다가구주택이나 일반 주택을 낙찰받으려 할 때는 반드시 위치가 좋고 교통이 편리한 지역을 선별하여야 한다. 낙찰받은지 오랜 시간이 경과되었더라도 역세권에 가깝고 교통이 편리할 경우 매매 계약 체결이 수월하고 향후 여러 가지 가치를 따져보아도 손색이 없기 때문이다. 이러한 물건은 경매나 공매를 통하여 충분히 만날 수 있다.

다음 경매부동산(2007타경11682[1])은 감정가보다 훨씬 높은 가격대에 낙찰을 받았다. 이 물건은 법원의 감정가를 참고하여 꼼꼼하게 현장조사를 한 결과 여러가지 좋은 호재들이 있어 감정가를 초과하여 낙찰을 받아도 충분한 수익이 기대되었다. 그리고 이 물건의 경우에는 감정평가금액이 현시세보다 저평가되었기 때문에 높은 금액에 낙찰받았음에도 불구하고 지속적인 매수 문의가 있었다.

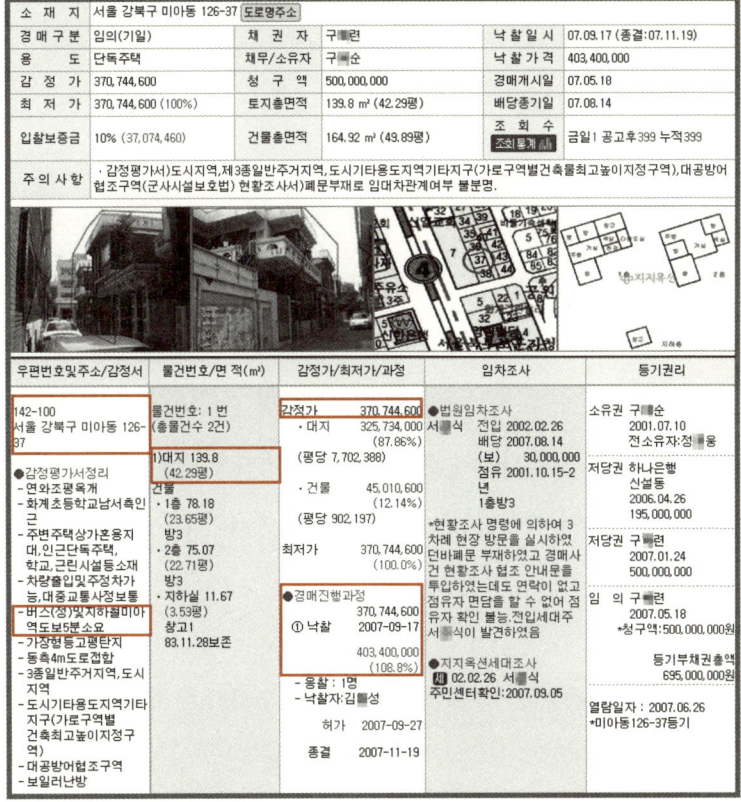

이 부동산의 대지지분을 살펴보면 42평이며 미아동 126-37번지로 준주거지역에 위치하고 있다. 지하철 4호선 미아역 역세권에 가깝고 대로변 인근에 있기 때문에 미래가치가 충분히 있는 물건이다. 이 물건 바로 옆의 주택 126-38호를 함께 매입 후 합필하면 대지지분이 거의 100평에 가까워 기존 건물을 멸실하고 신축할 경우 분양은 매우 쉬울 것이며, 그렇지 않고 단독으로 원룸을 건축하여도 교통이 편리하고 지하철역이 매우 가까워 임대수익이 충분히 보장될 것이다. 입지 조건이 좋아 어떠한 경우에도 최대의 수익을 올릴 수 있는 수익성 물건이다.

필자는 이러한 점을 감안하여 낙찰받은 126-37호 옆의 주택인 126-38호를 아주 좋은 조건에 지인이 운영하는 부동산을 통하여 매입하였다. 이 두 건물을 하나로 합필한다면 더 좋은 수익을 기대할 수 있었기 때문이다. 두 개의 번지를 합필만 한다면 도시형 생활주택을 건축하려는 업자들의 관심이 쏠리는 우수한 물건이 될 것이며 빌라를 신축하여 신규분양을 한다 하여도 손색이 없는 물건임에 틀림없었다.

그러나 안타깝게도 두 건물은 합필하지 못하였다. 낙찰받은 126-37호는 워낙 조건이 좋아 나름대로 수익을 냈고 낡은 주택이었던 126-38호도 큰돈 안들이고 리모델링을 하여 치킨집과 호프집(체인점)

을 운영하며 꾸준한 매출을 올리고 있는 것은 물론 입지조건과 여러 부대 조건이 매우 양호하여 미래 가치가 충분한 물건으로 탈바꿈 되었다. 이 두 번지를 함께 취득하여 합필하였다면 더 큰 미래가치를 창출할 수 있었을 텐데 하는 아쉬움이 많이 남는 물건이다.

이렇게 경매물건은 어느 지역을 막론하고 우수한 물건들이 무수히 많다. 겉으로는 오래된 구옥인 경매물건도 저가에 낙찰받아 약간의 리모델링을 거치면 충분한 수익을 얻을 수도 있고 낙찰받은 후 재매도하는 형식으로 재테크해도 전혀 손색이 없는 우량 물건이다. 이처럼 두 번지에 있는 위치가 좋고 교통도 편리한 물건의 경우 금융기관의 대출상품도 저금리에 활용할 수 있으며 생각지도 않은 수익이 발생할 가능성도 있다.

유산 상속이 얽히고 설킨
동선동 여관과 근린주택

성북구청 인근에 여관과 근린주택 물건이 경매로 나왔다. 평소 가깝게 지내던 세무사의 소개로 다음의 사건(2005타경16844[1], [2], [3])에 대하여 입찰하기 위해 현장조사와 권리분석을 하였다. 이 경매부동산은 입지여건도 좋고 성북구청 맞은편 인근에 위치하고 대지평수도 넉넉하여 어떠한 건물을 신축하여도 충분한 수익을 기대할 수 있고, 버스 주차장이나 사옥용으로 활용해도 효과적인 물건이었다.

이 물건은 공유자 지분물건이다. 이 물건의 소유자는 맹인 무속인으로 적중률이 높아 생존당시 손님들이 발 디딜 틈 없이 모여 들었고, 그중에는 전직 고위 관리도 방문했을 정도라고 전해들었다. 소유자와 본처(本妻) 사이에서 출생한 자식들이 소유자 생전에 이 부동산을 증여받으려고 부동산 매매서류를 위조하였으나 이것을 알게 된 후처(後妻)의 자식들과 원인무효말소 소송 등 각종 다툼에 휘말려 제대로 소유권 이전을 하지 못했다고 한다. 이런 과정 중에 소유자가 사망하여 2002년 8월 5일 본처(本妻)의 자식들과 후처(後妻)의 자식들에게 공동으로 부동산이 상속되었다.

결국 본처(本妻)의 자식들과 후처(後妻)의 자식들은 상속받은 부동산을 매도하려 하였으나 부동산 규모가 너무 커서(경매에 붙여진 여관물건과 총 합계 대지 지분 219평) 쉽게 매도 할 수가 없었다. 부동산 총감정가 32억 7천 5백만 원인 이 부동산에 쉽게 달려드는 매수인이 없었기 때문에 부득이 현금분할청산을 목적으로 형식적 경매를 신청하였다. 갈등을 겪으며 대화로서 해결되지 않자 결국 공유물 분할에 의한 형식적 경매를 신청하게 되었던 것이다.

형식적 경매는 재산의 가격보존(이 사건의 경우 감정평가에 의존함) 또는 정리(현금화)를 위한 경매로써 이 사건은 상속받은 공유자(소유자)들이 공유물(해당사건번호 1번, 2번, 3번)을 분할하기 위해서 공유자들이 우선적으로 현물을 어떻게 분배할 것인가를 협의한다. 다행히 협의가 잘되면 좋은데 그것이 쉽게 이루어지지 않을 경우 법원에서 공유물을 현금화하여 각자 가지고 있는 지분비율로 나눠 가질 수 있도록 신청하는 경매절차를 말한다.

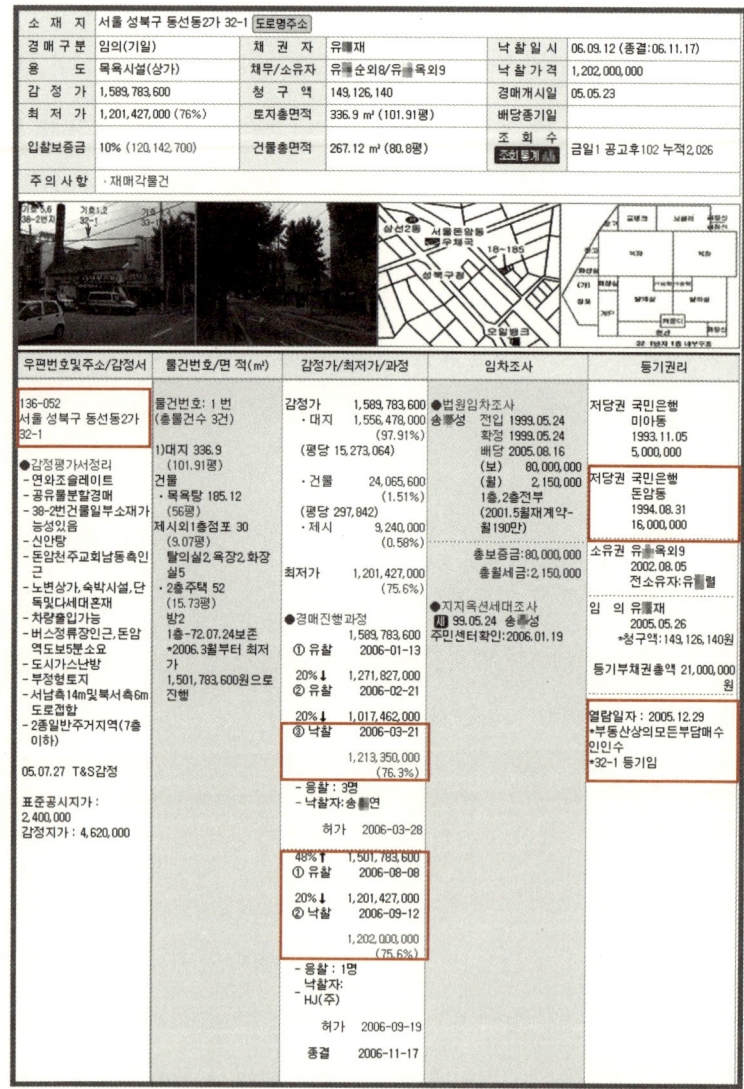

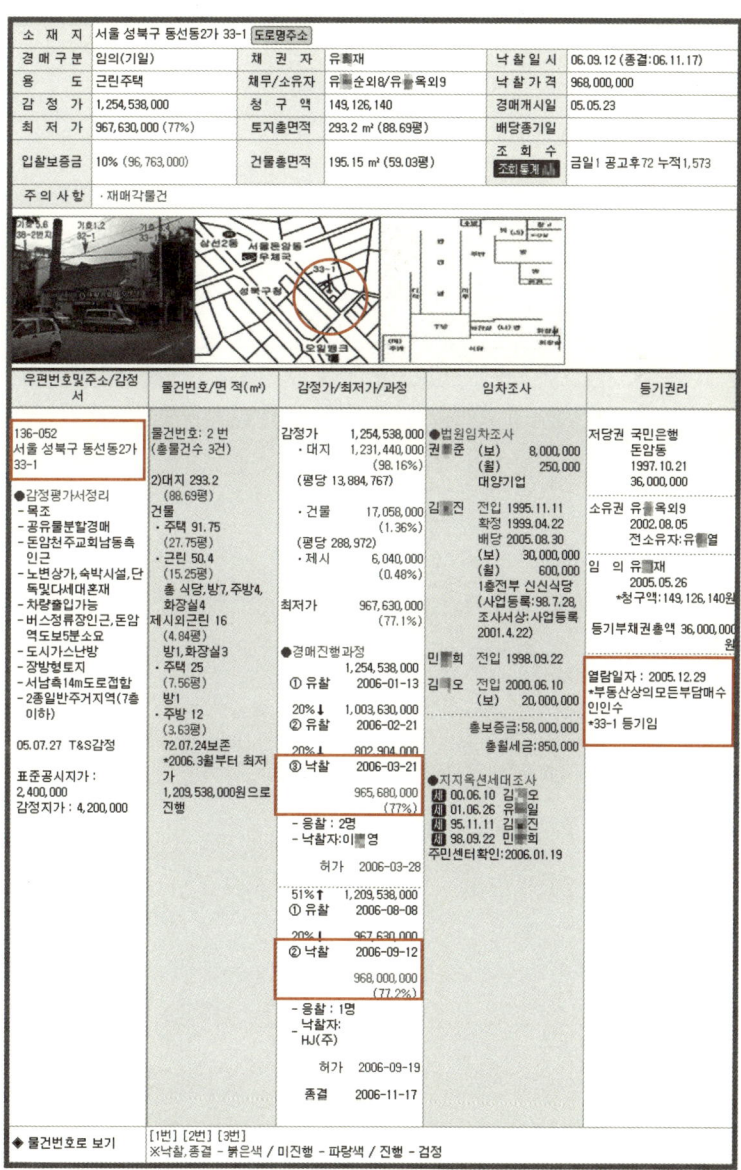

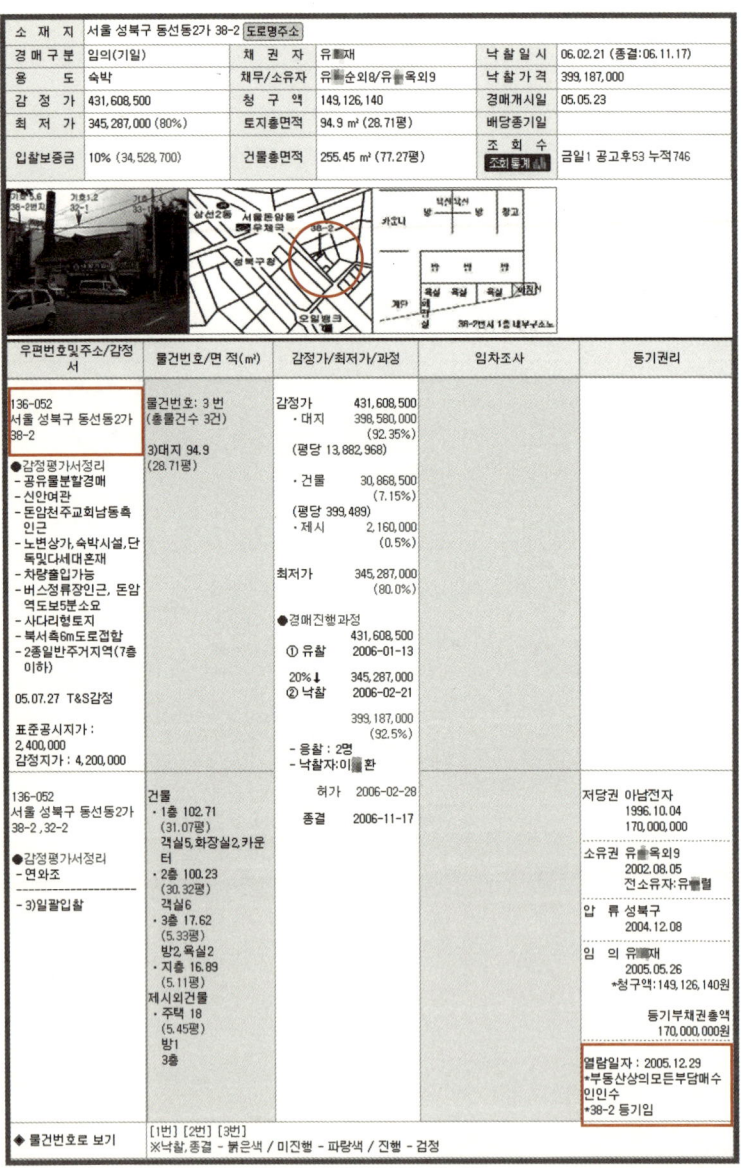

소 재 지	서울 성북구 동선동2가 38-2 도로명주소				
경매구분	임의(기일)	채권자	유■재	낙찰일시	06.02.21 (종결:06.11.17)
용 도	숙박	채무/소유자	유■순외8/유■옥외9	낙찰가격	399,187,000
감 정 가	431,608,500	청구액	149,126,140	경매개시일	05.05.23
최 저 가	345,287,000 (80%)	토지총면적	94.9 ㎡ (28.71평)	배당종기일	
입찰보증금	10% (34,528,700)	건물총면적	255.45 ㎡ (77.27평)	조회수 조회통계	금일1 공고후53 누적746

우편번호및주소/감정서	물건번호/면 적(㎡)	감정가/최저가/과정	임차조사	등기권리

136-052
서울 성북구 동선동2가 38-2
 	
●감정평가서정리
- 공유물분할경매
- 신안여관
- 돈암천주교회남측 인근
- 노변상가,숙박시설,단독및다세대혼재
- 차량출입가능
- 버스정류장인근, 돈암역도보5분소요
- 사다리형토지
- 북서측6m도로접함
- 2종일반주거지역(7층 이하)
 	
05.07.27 T&S감정
 	
표준공시지가:
2,400,000
감정지가: 4,200,000
	물건번호: 3 번
	(총물건수 3건)
	
	3)대지 94.9
	(28.71평)
		감정가 431,608,500
		· 대지 398,580,000
		           (92.35%)
		(평당 13,882,968)
		· 건물 30,868,500
		           (7.15%)
		(평당 399,489)
		· 제시 2,160,000
		           (0.5%)
		최저가 345,287,000
		           (80.0%)
		
		●경매진행과정
		           431,608,500
		① 유찰 2006-01-13
		20%↓ 345,287,000
		② 낙찰 2006-02-21
		           399,187,000
		           (92.5%)
		- 응찰: 2명
		- 낙찰자:이■환
		
		허가 2006-02-28
		종결 2006-11-17		

136-052
서울 성북구 동선동2가 38-2 , 32-2
 	
●감정평가서정리
- 연와조
------- 	
- 3)일괄입찰
	건물
	· 1층 102.71
	  (31.07평)
	  객실5,화장실2,카운터
	· 2층 100.23
	  (30.32평)
	  객실6
	· 3층 17.62
	  (5.33평)
	  방2,옥실2
	· 지층 16.89
	  (5.11평)
	제시외건물
	· 주택 18
	  (5.45평)
	  방1
	  3층
				저당권 아남전자
				       1996.10.04
				       170,000,000
				소유권 유■옥외9
				       2002.08.05
				       전소유자:유■렬
				압 류 성북구
				       2004.12.08
				임 의 유■재
				       2005.05.26
				       *청구액:149,126,140원
				등기부채권총액
				       170,000,000원
				열람일자: 2005.12.29
				*부동산상의모든부담매수인인수
				*38-2 등기임

◆ 물건번호로 보기   [1번] [2번] [3번]
                      ※낙찰,종결 - 붉은색 / 미진행 - 파랑색 / 진행 - 검정

2005타경16844[3]

이 경매부동산을 낙찰받고 선순위 근저당권자인 국민은행 돈암동 지점도 방문하고 각 공유자들도 여러 차례 만나고 임차인들도 만나면서 국민의 한 사람으로서 그리고 한 가정의 가장으로서 인생의 희비를 절실히 느꼈던 물건이다.

아직도 기억이 생생하다. 낙찰받기 전 권리분석을 철저히 했지만 낙찰받고 난후 예상외의 복병을 만났다. '모든 부담 매수인 인수'라는 이해하기 어려운 권리가 발견된 것이다. 바로 법원에 매각허가에 대한 즉시항고를 하였고 이후 재항고를 하게 되는 난항을 겪었다. 재항고에 대하여 해당법원은 유가증권공탁이 아닌 현금공탁을 결정하여 당황했다. 해당법원은 현금공탁을 하지 않을 시에는 부동산권리에 대한 모든 부담을 인수하라고 하였다.

이러한 상황을 알게 된 후 필자는 매각허가에 대한 즉시 항고장을 제출하였다.

형식적 경매에서 소멸주의가 적용되는지에 관하여 소멸설과 인수설 등으로 대립이 있고(법원 실무제요, 민사집행 Ⅱ 제 711면), 귀 법원이 인수설을 취하면서 이를 매각조건으로 붙여 경매절차를 진행 하였더라도, 매각조건인 '부동산상의 모든 부담을 인수' 한다는 의미는 등기부상에 나타나 있는 '물적 채무' 만을 인수한다는 것으로 해석하여야지 "인적

> 채무"까지 인수한다는 취지는 아니므로(선고95다8713판결)……
>
> (중략)

항고장

    이러한 형식으로 즉시항고를 재기하였다. 참 어려운 시간들이었지만 끈질기게 매달린 결과 결국 법원에서 매각허가 취소결정을 받았다.

    이 사건에서 배운 경험들을 토대로 더 많은 사건들에 대하여 응용을 하였고 실무경험에서 난항을 겪었던 경험들을 바탕으로 업무에 임하고 있다. 이 사건은 철저한 권리분석에도 불구하고 예상치 못했던 '부동산 상의 모든 부담 매수인 인수'라는 어려운 상황에서 매각허가취소라는 결정을 받았고 다행히 사건이 잘 진행되어 적법하게 소유권 이전을 하는 것으로 마무리 되었다. 이후 이 물건은 필자가 예상했던 것처럼 건물을 멸실하고 마을버스 주차장으로 현재까지 이용하고 있다.

    경매부동산 낙찰을 여러 차례 받으면서 내면의 힘은 많이 커진 것 같다. 인생의 희노애락과 실패하여 고뇌한 사람들이 겪는 아픔들을 직, 간접적으로 경험했다. 명도의 과정에서 그들을 대면하며 그들의 여러가지 사회 경험들을 경청하면서 인생은 나의 노력여하에 따라 얼마든지 달라질 수 있기때문에 열심히 살아야겠다는 굳은 다짐도 하게 되었다.

연로한 할아버지와 손녀뿐인
정릉 산장 아파트

성북구 소재 아파트 낙찰 사례이다. 이 경매물건(2003타경21743)도 단기매도를 위해 낙찰받았던 물건이다. 단기매도가 목적인 물건은 명도가 관건이다. 매수인이 많을수록 내 물건이 제값을 받을 수 있기 때문에 빠른 명도는 수익률을 좌우한다.

소 재 지	서울 성북구 정릉동 780번지 산장 나동 5층 508호 도로명주소		
경매구분	임의(기일)	채 권 자	제일은행	낙찰일시	04.03.05 (종결:04.04.28)
용 도	아파트	채무/소유자	이■선	낙찰가격	79,950,000
감 정 가	95,000,000	청 구 액	59,691,448	경매개시일	03.08.06
최 저 가	76,000,000 (80%)	토지총면적	30.08 m² (9.1평)	배당종기일	
입찰보증금	10% (7,600,000)	건물총면적	52.89 m² (16평)	조회수 조회통계	금일1 공고후5 누적192

우편번호및주소/감정서	물건번호/면적(m²)	감정가/최저가/과정	임차조사	등기권리
136-100 서울 성북구 정릉동 780번지 산장 나동 5층 508호 ●감정평가서정리 - 일반주거지역 - 토지거래허가구역 - 철근콘크리트조슬래브(평) - 대장상: 780, -1, -2번 지로분할 - 정릉초등교남서측인근 - 중소규모아파트단지 및공동주택, - 근린시설등혼재 - 버스및마을버스정류장인근 - 도시가스보일러난방 - 도시계획시설일부하천 - 최고고도지구입안지 - 용도지역변경입안지 - (일반주거지역세분) 감정평가액 대지: 28,500,000원 건물: 66,500,000원 03.08.12 에이원감정	물건번호: 단독물건 대지 30.08/8420 (9평) 건물 52.89 (16평) 방2 11층-78.03.16보존	감정가 95,000,000 · 대지 28,500,000 (30%) (평당 3,131,868) · 건물 66,500,000 (70%) (평당 4,156,250) 최저가 76,000,000 (80.0%) ●경매진행과정 95,000,000 ① 유찰 2004-01-30 20%↓ 76,000,000 ② 낙찰 2004-03-05 79,950,000 (84.2%) - 응찰: 3명 - 낙찰자: 전○숙 허가 2004-03-12 종결 2004-04-28	●법원임차조사 이○진 전입 2003.01.06	소유권 이○선 2000.06.16 저당권 제일은행 씨에스씨여신운용팀 2002.10.11 68,400,000 저당권 차○수 2003.01.14 20,000,000 가압류 전화순 2003.04.03 5,000,000 가압류 조흥은행 정릉 2003.05.23 10,370,000 가압류 삼성카드 강남채권파트 2003.06.07 20,600,000 임 의제일은행 여신관리부 2003.08.08 *청구액: 59,691,448원 등기부채권총액 124,370,000원 열람일자: 2004.01.14

2003타경217343

    이 아파트를 낙찰받고 빠른 명도를 진행하려고 방문해보니 예상치 못한 걸림돌이 가로놓여 있었다. 현재 점유자는 연세 90이 넘은 할아버지와 갓 초등학교를 입학한 손녀뿐이었다. 주위 사람들에게 사연을 물어보니 아들이 외국에 나가서 사업을 하다가 집으로 돌아오지 못하고 있어 은행 이자를 제때 납부하지 못해서 결국 은행에서 경매를 신청한 것이었다. 은행이자를 납부하지 못하다 보니 현재 거주하고 있는 할아버지와 손녀만이 집을 지키고 있었고 관리비 또한 장기 연체되어 있었다. 할아버지를 만나 명도와 관련된 이야기를 해보아도 제대로 알아듣지도 못하고 어린 손녀에게는 더 이상의 말도 할 수 없었다. 말로 해결이 안 되니 막막하였다. 결국은 법의 힘을 빌어서 집행관 사무소에 강제집행을 의뢰하여 강제집행을 실시할 수밖에 없었다.

그러나 필자도 부모님이 계시고 한 아이의 아버지인지라 그들이 보는 앞에서 살림살이를 강제로 집행하고 싶지 않았다. 노인과 어린 손녀가 계속 마음에 걸려 여러 가지 방법을 생각해 보았다. 강제집행을 하다가 자칫 잘못하면 연로하신 노인이 쓰러질 수도 있고 어린 손녀는 아무것도 모른 채 지켜보아야만 하는 형편이니 다른 방법이 필요했다. 여러 방법들을 모색한 결과 해당 동사무소 사회복지과의 도움을 받을 수 있었다. 필자가 직접 관련 서류(등기부등본, 인도명령 결정문, 강제집행 신청서 등)를 지참하고 해당 동사무소를 방문하여 진행하였다. 예상대로 동사무소 직원이 노인과 손녀에게 충분한 설명을 하고 안전하게 이주할 수 있도록 도움을 주었다. 물론 체납된 관리비의 경우 관리소와 적법하게 합의하여 해결을 하였고 노인과 손녀의 필요한 유체동산은 강제집행을 실시하기 전 미리 챙겨서 나가게 하였다. '내가 하필이면 이 집을 낙찰 받았을까' 하는 생각도 해보았지만 국가기관의 도움으로 안전하게 명도를 끝낼 수 있었던 계기가 되었던 물건이다.

필자는 부동산 경매와 관련하여 몇몇 모임이 있다. 이 모임에는 경매고수와 경매를 오랫동안 생업으로 해온 분들도 많다. 종종 이런 명도과정(나이가 많으신 노인이 직접 점유하고 있는 물건)에 대한 대화를 하는데 그때마다 그 사례를 들어 설명했다. 그때서야 '아! 이런 방법이 있었구나'라며 감탄을 하는 분들이 있다. 지금까지도 기억에 남는 명도 사례이다.

명도는 가급적 대화로 해결하기를 권유한다. 최후 방법으로 강제집행 제도가 있기는 하지만 강제집행을 하다보면 생각지 못한 추가 비용도 발생하고 그 과정 또한 힘들고 무엇보다 마음이 편치 않다. 시간이 많이 흘렀지만 그곳에 점유하고 계시던 노인과 노인의 손녀가 무사하길 바란다. 이후부터는 입찰 전 먼저 등기부등본을 확인하여 나이가 많은 분들이 거주하는 경매물건은 가급적 피해가고 있다.

야반도주한 화곡동 꼭대기 층 신축빌라

오래전 작은 빌라물건을 현장조사하여 입찰에 참여하였다. 그 당시는 낙찰만 받으면 돈이 되었다. 자금의 여유가 있었더라면 아마도 큰 부자가 되었을 것이다. 제대로 현장조사만 하면 단독응찰 해도 충분한 수익이 뒤따르는지라 낙찰만 잘 받으면 돈이 되는 것이 현실이었다.

강서구 화곡동은 신규빌라 분양이 많이 이루어져 입주물량이 많았던 곳이다. 건축업자들이 상대적으로 저렴한 빌라를 신규분양 하고 난 후 금융기관의 이자를 감당하지 못하여 경매로 집을 처분하는 경우가 많았다. 그래서 경매로 나온 빌라들이 많았는데 이런 물건을 잘 선별하여 낙찰을 많이 받았다. 현장조사를 확실히 한 덕분에 매매도 상대적으로 잘되어서 수익 또한 지속적으로 발생하였다.

한번은 제일 상층(5층)을 경매(2001타경25877)로 받았다. 상대적으로 다른 빌라보다 저가에 낙찰을 받았다.

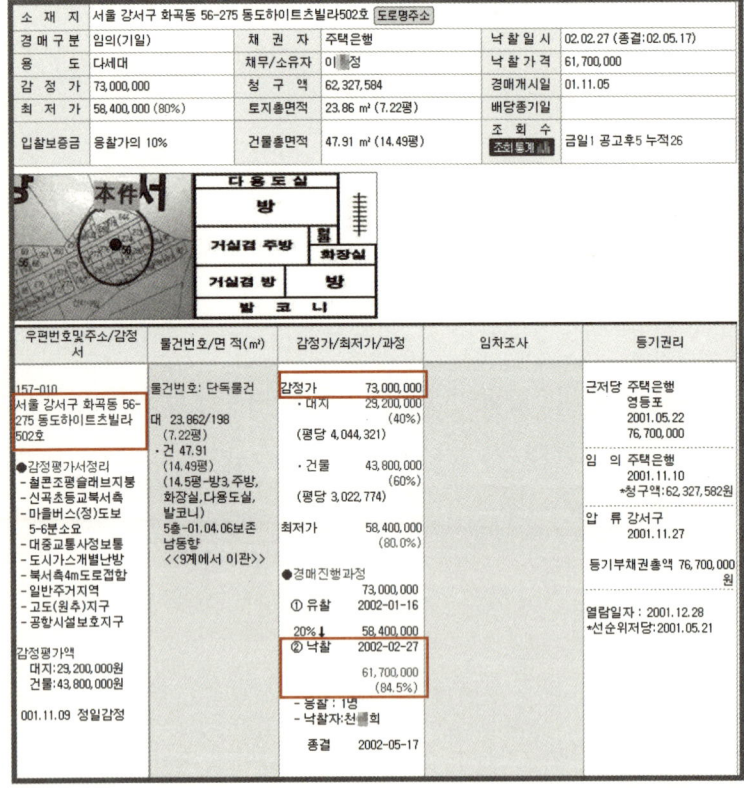

소유자 명도를 위하여 방문해보니 역시 문이 잠겨져있었다. 몇 차례 방문하여 연락을 달라는 부착물도 붙였는데 연락도 없고 인도명령도 폐문부재라 송달이 안 되어 답답했다. 그러던 중 어느 날 다시 방문해보니 문이 살짝 열려 있는 것이 아닌가? 반가운 마음에 여러 차례 노크를 했는데 아무런 인기척이 없었다. 현관문 앞에는 신문이 수북이 쌓여있고 각종 요금고지서들도 여기저기 흩어져 있었다. 열린 문틈으로 안쪽을 들여다보니 냉장고며 TV 등 각종 유체동산이 그대로 남아있고 소유자가 성급히 야반도주 한 것 같은 흔적만 있었다. 이를 어찌해야 할지 걱정이 앞섰다. 내부 또한 건축 된지 얼마 안 되어 수리할 만한 것들은 없었으나 소유자가 그대로 세간을 남겨두고 야반도주하였으니 처리할 방법이 없었다.

최후의 수단으로 유체동산을 보관하며 이것저것을 살펴보니 소유자는 상업계 고등학교를 졸업하여 아파트 관리사무소에 취업한 지 얼마 되지 않았으며 당뇨병으로 오랜 세월 고생하고 계신 아버지를 부양하고 있었던 소녀가장이었다. 혼자 벌어서 아버지를 수발하며 아버지에게 쓴 애틋한 편지 또한 발견되었다. 어린 시절 부모님과 함께 찍은 사진은 빛이 바래 남아 있었고 장롱 위에 신문지로 포장되어 보관되었던 것은 아버지의 영정 사진이었다. 소녀가장이 혼자 벌어서 아버지 병원비를 감당할 수 없어 사채를 쓴 흔적도 보였다. 남기고 간 일기장에는 이러한 아픈 사연들이 남아 있었다. 하필

이면 보지 말아야 할 것을 보았다는 생각이 들어서 마음이 석연찮았다. 얼마나 두렵고 급했으면 유체동산을 처리할 방법도 생각지 못하고 그대로 남겨두고 야반도주를 했을까? 사정이 충분히 이해가 되었다. 이렇게 소녀가장이 지키고 있던 부동산은 경매로 처분되고 필자가 결국 낙찰을 받은 후 명도가 된 것이다.

이 물건을 포함하여 다수의 낙찰받은 빌라와 부동산을 매도에 힘썼다. 그러나 이 부동산에 대해서는 대다수 부동산 중개업소들이 회의적이었다. 꼭대기 층이라 매도도 쉽지 않을 뿐만 아니라 인근에 신축 빌라가 많아서 매매가 쉽지 않다는 의견이 지배적이었다. 하지만 이 경매부동산에 응찰하기 전 매물로 나와 있는 물건도 충분히 확인 하였으며 상대적으로 비슷한 물건의 가격을 확인한 후 낙찰을 받았고, 이미 경험을 통해 매매기법을 어느 정도 꿰뚫고 있었기에 별로 조급해하거나 걱정하지 않았다. 상대적으로 부동산의 특성도 잘 알고 있어서 충분히 매매가 가능할 거라고 예상하고 있었다. 우선은 이 물건과 다소 거리가 있는 중개업소에도 매매를 의뢰하였고 길거리나 전봇대에 급매형식으로 문어발 전단을 부착하였다. 곧바로 매수 문의가 왔고 적당한 매수인이 나타나 직접 계약을 하여 쉽게 매도할 수 있었다.

단독 응찰하여 받은 이 경매물건 또한 아주 큰 수익은 아니지만 어느 정도의 수익은 낼 수 있었다. 무조건 단독응찰했다 하여 그 경매부동산이 문제가 있는 것은 절대 아니다. 또한 상대적으로 저층이거나 고층이라서 매매가 안 되는 것도 아니다. 이러한 부동산에도 항상 매수인은 보이지 않게 대기하고 있다. 그러한 매수인을 찾지 못하기 때문에 매도시간이 길어지는 것이다. 이렇게 여러 리스크가 있다 하여도 발 빠르게 움직이고 중개업소도 방문하고 생활정보지에 광고도 내면서 꼭 매도해야 살아남는다고 생각하고 행동에 옮기면 어떠한 부동산도 매도 할 수가 있다.

문 열고 보니 천정에서 물이 새는
방학동 다세대 주택

경매물건을 낙찰받아 수익을 올리는 사람들이 증가하고 있다. 하지만 부동산 시장에 대한 정확한 정보와 틈새시장 파악 없이 무턱대고 뛰어들면 안 된다. 자칫 남의 말만 믿고서 확실한 정보 없이 경매보다 싼 급매물이라고 해서 그말에 넘어가 대출을 많이 해주는 금융기관을 모색하여 다주택을 보유하면 낭패를 본다. 이런 경우 적당한 때에 매도하지 못하면 결국은 금융기관의 이자를 연체하여 신용불량자로 전락하며 최후에는 금융기관을 채권자로 하여 경매신청을 당하는 경우를 종종 보았다. 이는 부동산의 흐름과 트렌드를 잘못 읽어서 생긴 결과이다.

필자는 지금도 여러 채널을 통하여 부동산의 감을 잃지 않으려 노력한다. 자신의 직업에 대한 열정인지도 모른다. 경매 업무와 대출 업무에 많은 경험이 있기 때문에 보는 시각도 남다른 점이 있다. 지속적인 의뢰가 있는 것도 이 때문인 것 같다. 성공 경험뿐만 아니라 실패와 좌절이 오늘날의 필자를 있게 한 원동력이라 말하고 싶다. 남의 이야기를 귀동냥한 정보나 자료가 아니라 직접 몸으로 부딪혀 익힌 노하우이다. 때로는 실수를 통해 금전적 손실도 감수하며 익힌 살아있는 정보이다.

원숭이도 나무에서 떨어질 때가 있다고 한다. 이것이 곧 실수로 이어지고 최악의 경우에는 금전적인 대가를 치르고 난 이후에야 깨닫는 일도 있다. 필자가 현장조사의 중요성을 반복해서 강조하는 이유가 여기에 있다. 경매물건지 인근의 부동산에 방문하는 이유 중 하나는 현재의 시세와 더불어 경매부동산의 최근 정보를 파악하기 위해서이다. 직접 물건지에 방문하여 윗층, 아래층, 옆호수에 거주하는 주민들을 만나는 이유는 세밀하고 정확한 정보를 파악하기 위함이다. 최근에 얼마에 사서 이사를 왔으며, 몇 층은 어떻고 어떻다, 누가 점유하고 있다라는 정보를 파악하기 위함이다.

다음(2006타경18445)은 필자가 낙찰받은 경매부동산이다.

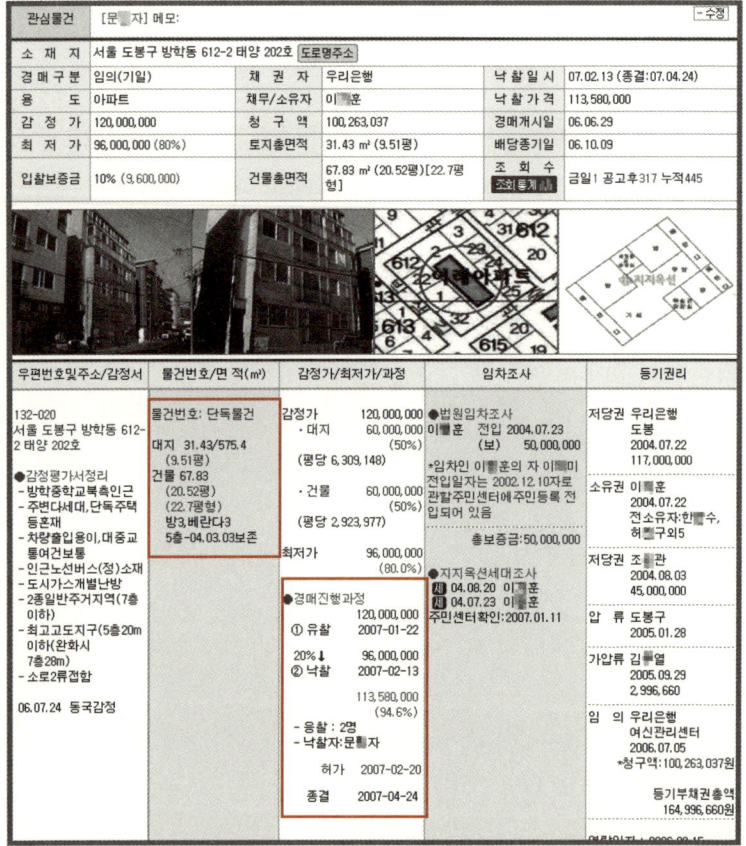

낙찰받고 명도하는 과정 중에 소유자는 연락이 안 되었지만 해당 부동산에는 고등학생과 중학교에 갓 입학한 딸이 살고 있었던 것이다. 소유자와 연락이 두절되었기 때문에 공시송달 제도를 활용할 수밖에 없었다. 공시송달이 완료되어 조조집행을 실시하였다. 내부에 점유자가 있는지 여러 차례 확인했는데도 인기척이 없어 열쇠수리공을 불러 집행하였다. 강제 개문하니 아무도 없는 줄 알았던 집에 두 여학생이 두려움에 떨고 있었다. 차분히 소유자의 자녀들에게 설명을 하고 안심시킨 후 친척집으로 갈 수 있도록 도와주고 무사히 집행을 실시하였다.

이 경매부동산을 현장조사하면서 한 가지 간과한 점이 있었다. 건축된지 오래되지 않은 부동산이라서 내부 상태는 크게 신경 쓰지 않았다는 것이다. 낙찰받고 내부를 확인하니 예상치 못한 문제가 발견되었다.

이게 웬일인가? 천정에서 누수가 되어 벽으로 물이 새고 있었다. 경매의 단점인 내부 확인이 제대로 이루어지지 않아서 생긴 일이었다. 다행히 벽을 타고 물이 새는 누수현상이 아니라 위층의 수도와 하수구 균열로 발생된 것이라 위층의 소유자가 변상하여 수리하는 것으로 마무리 할 수 있었다.

이 물건은 저가에 낙찰을 받았기 때문에 시세보다 약간 낮은 가격에 매물로 내놓았더니 매수 문의가 많고 누수원인을 찾아 수리도 완벽하게 한 후 재매도하여 꽤 괜찮은 수익을 내었다. 감정가를 참고 자료로만 활용하였을 뿐 꼼꼼한 현장조사가 뒷받침된 결과라고 할 수 있다. 현장조사를 꼼꼼하게 한지라 매도하는데 어려움은 없었다.

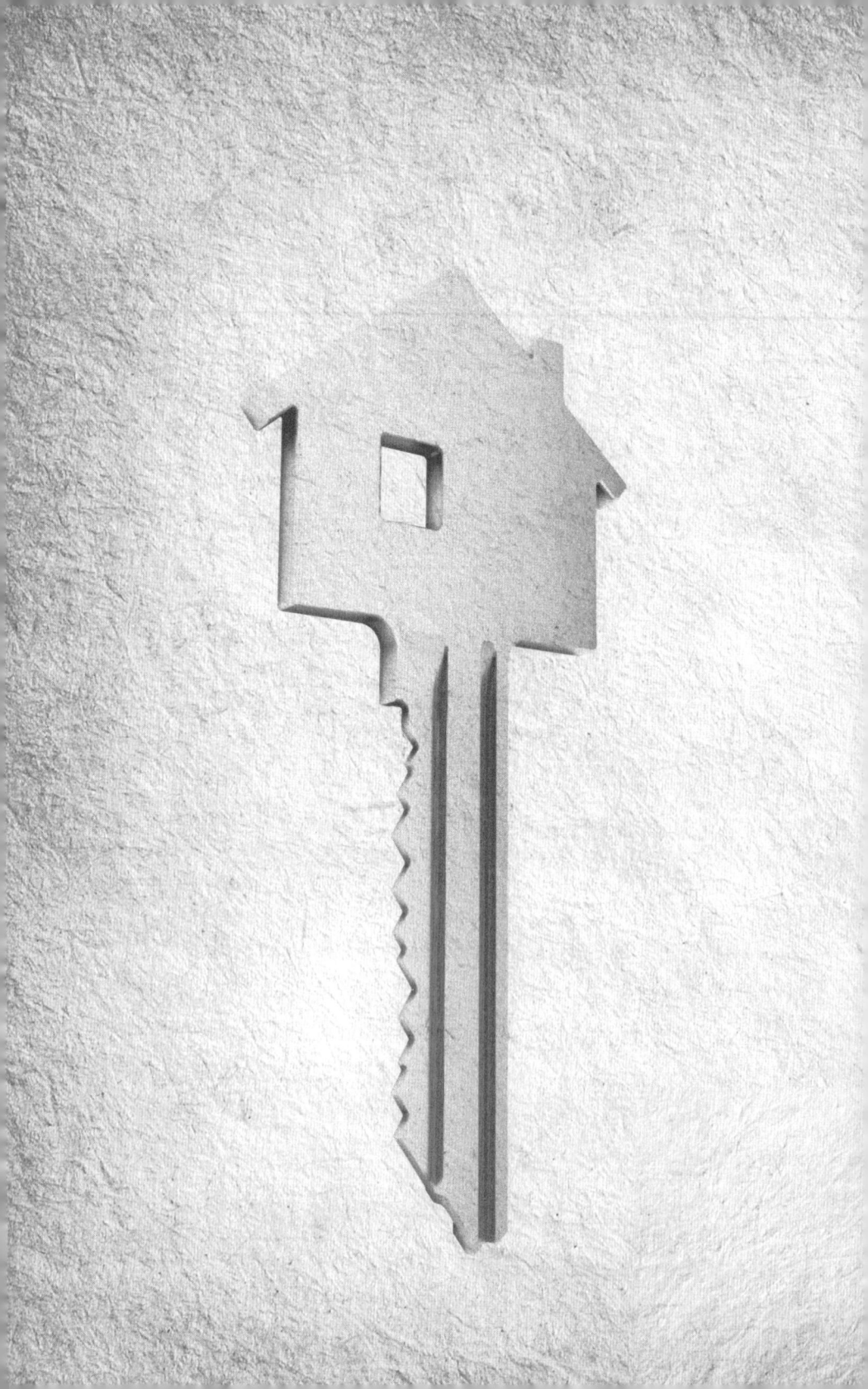

부록

———

1. 한눈에 보는 경매과정
2. 현장조사 보고서

지지옥션 7일 무료이용권 별첨

한눈에 보는 경매과정

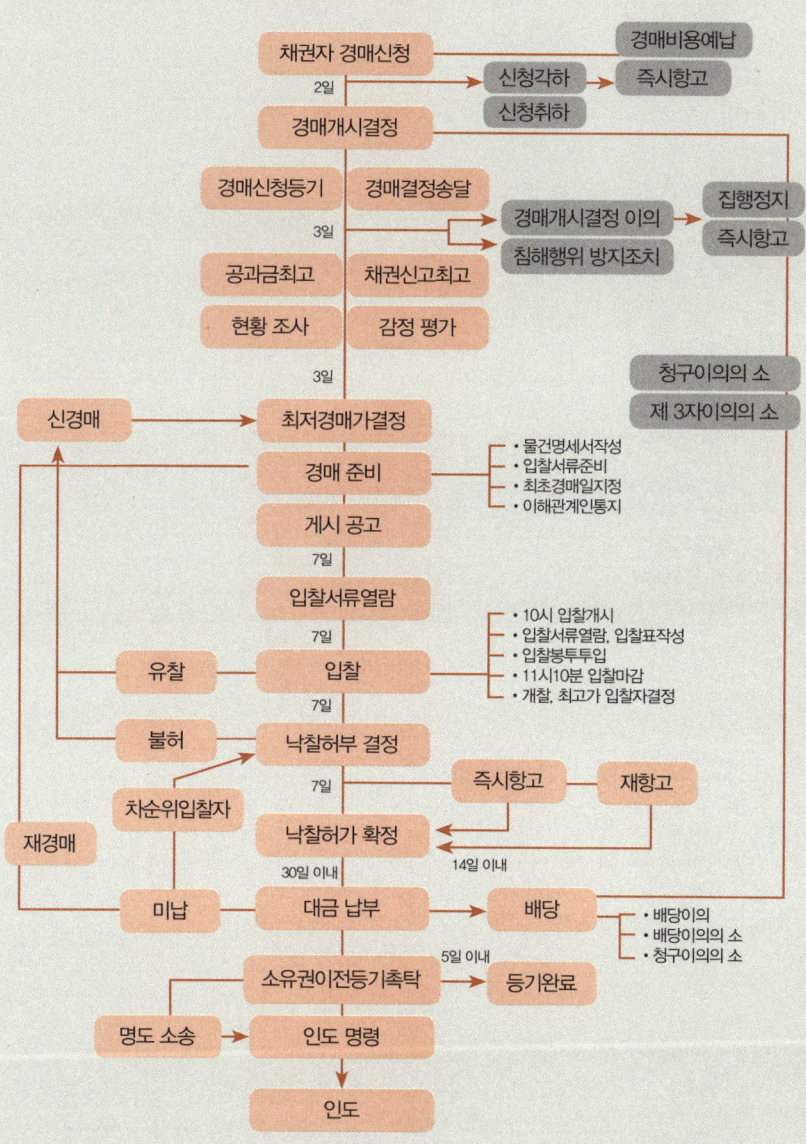

현장조사 보고서

사건번호		현장조사일	
경매기일		입찰법원	
주소			
면적			
감정가		최저가	

물건 현황

미납 관리비		미납 공과금	
물건 내부			
물건 외관			
우편물 확인			

부동산 시세 파악 *지역주민 및 분양사무실에 직접 확인한다

매매가	
급매가	
전세가	
월세가	
부동산 연락처	

주변 환경 파악

학교		은행		병원		슈퍼	
관공서		목욕탕		버스거리		전철거리	
지역호재							
지역악재							
특이사항							

종합의견

종합의견	
예상 입찰가	

현장조사 보고서

사건번호		현장조사일	
경매기일		입찰법원	
주소			
면적			
감정가		최저가	

물건 현황

미납 관리비		미납 공과금	
물건 내부			
물건 외관			
우편물 확인			

부동산 시세 파악 *지역주민 및 분양사무실에 직접 확인한다

매매가	
급매가	
전세가	
월세가	
부동산 연락처	

주변 환경 파악

학교		은행		병원		슈퍼	
관공서		목욕탕		버스거리		전철거리	
지역호재							
지역악재							
특이사항							

종합의견

종합의견	
예상 입찰가	

3대가 잘먹고 잘사는 부자경매

초판 1쇄 인쇄 2013년 8월 30일
초판 3쇄 발행 2015년 2월 9일

지은이 홍창현
펴낸이 백유미

CP 조영석 | **편집** 백유미 김지홍 | **마케팅** 김지홍
디자인 디자인붐 | **출력** 달리는거북이 | **인쇄** 영창인쇄

펴낸곳 라온북
주소 서울 마포구 서교동 441-13 4층
등록 2009년 12월 1일 제 2009-000044호
전화 070-7731-1899 | **팩스** 031-696-5998
이메일 raonbook@naver.com | **홈페이지** www.raonbook.co.kr

값 16,000원
ISBN 979-11-5532-010-5 13320

이 책은 저작권법에 따라 보호를 받는 저작물이므로 무단전재와 무단복제를 금지하며, 이 책 내용의 전부 및 일부를 이용하려면 반드시 저작권자와 (주)니카 라온북의 서면동의를 받아야합니다.
*라온북은 (주)니카의 출판 브랜드입니다.

이 도서의 국립중앙도서관 출판시도서목록(CIP)은 서지정보유통지원시스템 홈페이지(http://seoji.nl.go.kr)와 국가자료공동목록시스템(http://www.nl.go.kr/kolisnet)에서 이용하실 수 있습니다. (CIP제어번호: CIP2013015307)

*잘못된 책은 구입한 서점에서 바꾸어 드립니다.

> 라온북은 독자 여러분의 다양한 아이디어와 원고 투고를 설레는 마음으로 기다리고 있습니다.
> 머뭇거리지 말고 두드리세요.
> 보내실 곳 raonbook@naver.com